Stéphane Etrillard

30 Minuten für intelligente Schlagfertigkeit

Bibliografische Information Der Deutschen Bibliothek

Die Deutsche Bibliothek verzeichnet diese Publikation in der Deutschen Nationalbibliografie; detaillierte bibliografische Daten sind im Internet über http://dnb.ddb.de abrufbar.

Umschlag und Layout: die imprimatur, Hainburg
Lektorat: Diethild Bansleben, Offenbach
Satz: Wegner-Repke Typographie & Design, Offenbach
Druck und Verarbeitung: Salzland Druck, Staßfurt

Hinweis:
Das Buch ist sorgfältig erarbeitet worden. Dennoch erfolgen alle Angaben ohne Gewähr. Weder Autor noch Verlag können für eventuelle Nachteile oder Schäden, die aus den im Buch gemachten Hinweisen resultieren, eine Haftung übernehmen.

Printed in Germany

ISBN 3-89749-476-0

In 30 Minuten wissen Sie mehr!

Dieses Buch ist so konzipiert, dass Sie in kurzer Zeit prägnante und fundierte Informationen aufnehmen können. Mit Hilfe eines Leitsystems werden Sie durch das Buch geführt. Es erlaubt Ihnen, innerhalb Ihres persönlichen Zeitkontingents (von 10 bis 30 Minuten) das Wesentliche zu erfassen.

Kurze Lesezeit
In 30 Minuten können Sie das ganze Buch lesen. Wenn Sie weniger Zeit haben, lesen Sie gezielt nur die Stellen, die für Sie wichtige Informationen beinhalten.

- Alle wichtigen Informationen sind blau gedruckt.

- Schlüsselfragen mit Seitenverweisen zu Beginn eines jeden Kapitels erlauben eine schnelle Orientierung: Sie blättern direkt auf die Seite, die Ihre Wissenslücke schließt.

- *Zahlreiche Zusammenfassungen innerhalb der Kapitel erlauben das schnelle Querlesen. Sie sind blau gedruckt und zusätzlich durch ein Uhrsymbol gekennzeichnet, so dass sie leicht zu finden sind.*

- Ein Register erleichtert das Nachschlagen.

Inhalt

Vorwort 6

1. Was ist intelligente Schlagfertigkeit? 8
Immer das richtige Wort auf den Lippen 9
Der Schlagfertigkeitstempel 12

2. Kommunikation pur 16
Juwel Sprache – mehr als Worte 17
Gespräche meistern 20
Die Psychologie der Verhandlung 21
Mit fairer Dialektik überzeugen 22
Achtung der Beziehungsebene 28

3. Sprachlosigkeit im Alltag und ihre Ursachen 30
Soziale Verunsicherung 31
Von Stärken und Schwächen 32
Durch Vorbereitung Erfolge schaffen 33
Ein Lächeln schafft Verbindungen 36

4. Erfolgsfaktoren der Kommunikation 38
Die Argumentation macht's 39
Augen sprechen Bände 42
Mit der Stimme Stimmung erzeugen 43
Mimik – Gestik – Körpersprache 44
Die Macht des Namens 46

5. Die Soft Facts **48**
Die persönliche Einstellung zählt 49
Gefühle äußern 51
Die Kraft der Begeisterung 53
Dreh- und Angelpunkt Charisma 55
Emotionale Dickhäutigkeit 59

6. Gekonnt gekontert **62**
Von Fragen und Antworten 63
Umgang mit Killerphrasen 67
Kommunikation contra Konflikte 69
Zwischen Persönlichkeit und Techniken 71
Mit Schlagfertigkeit verantwortungsvoll umgehen 75

Der Autor **77**

Weiterführende Literatur **78**

Register **79**

Vorwort

Schlagfertigkeit ist nicht gleichbedeutend damit, dass Sie Ihre Gesprächspartner „mit einem Schlag fertig machen“. Wenn Sie andere mundtot machen wollen, dann lässt sich dies sehr schnell lernen. Ein paar Killerphrasen und dumme Sprüche und Sie haben die Lacher auf Ihrer Seite. Allerdings verlieren Sie höchstwahrscheinlich Ihren Gesprächspartner.
Intelligente Schlagfertigkeit ist mehr. Intelligente Schlagfertigkeit setzt voraus, dass Sie souverän mit Ihrem Können umgehen, dass Sie Ihr Gegenüber respektieren und auch in kritischen Situationen „Herr (oder Frau) der Lage bleiben“.

Faire Kommunikation
Standardisierte Regeln und allgemein gültige Formeln werden in vielen Seminaren geschult. Faire Kommunikation setzt allerdings etwas mehr voraus: Eine gereifte und verantwortungsbewusste Persönlichkeit. Solche Menschen gehen positiv an jedes Gespräch heran, nutzen den Blickkontakt, setzen ihre Stimmpräsenz ein, bauen das eigene Charisma auf und legen eine gewisse emotionale Dickhäutigkeit an den Tag. Werden diese Faktoren berücksichtigt, erwächst daraus ein souveräner kommunikativer Umgang miteinander und in allen Gesprächssituationen, die das Leben so mit sich bringt.

Gekonnt kontern
Wenn Menschen gekonnt kontern, tun sie dies meist mit so einer Bravour, dass ihre Gesprächspartner wie auch

ihr Umfeld wünschten, ihnen würde auch einmal solch eine Antwort einfallen. Gekonnt zu kontern mit intelligenter und fairer Schlagfertigkeit ist das i-Tüpfelchen jeder Kommunikation. Und manchmal bedeutet Intelligenz in diesem Zusammenhang auch, nicht nur zur richtigen Zeit das Richtige zu sagen, sondern auch das Falsche im verlockenden Augenblick ungesagt zu lassen.

Kann man intelligente Schlagfertigkeit lernen?

Intelligente Schlagfertigkeit lässt sich lernen, vorausgesetzt, Sie erwarten keine Sprüche „für alle Lebenslagen“, sondern sind bereit, an Ihrer Persönlichkeit zu arbeiten. Dieses Buch wendet sich an alle, die Spaß am Umgang mit der Sprache haben, gerne mit anderen Menschen kommunizieren und ihre Fähigkeit, fair zu kontern, ausbauen wollen. Als Ergänzung zu diesem Ratgeber bietet das Management Institute SECS Seminare, Workshops und Coachings an und steht Ihnen bei Fragen kompetent zur Seite.

Management Institute S E C S
Stéphane Etrillard Communication & Sales
Schloss Elbroich, Am Falder 4, D-40589 Düsseldorf
Tel: 0211 – 7 57 07 40, Fax: 0211 – 75 00 53
E-Mail: info@etrillard.com, Web: www.etrillard.com

Unseren kostenlosen Online-Managementbrief & Rhetorikbrief können Sie gerne unter: www.managementbrief.de oder www.rhetorikbrief.de abonnieren.

1. Was ist intelligente Schlagfertigkeit?

Haben Sie immer das richtige Wort auf den Lippen? Seite 9

Kennen Sie die tragenden Säulen fairer Schlagfertigkeit? Seite 13

Auf einer Party plaudert eine kleine Gruppe über dies und das – die Stimmung ist hervorragend. Sie diskutieren ein spannendes Thema, zu dem Sie einiges zu sagen haben. Ein Unbekannter tritt hinzu und sagt nach kurzem Zuhören zu Ihnen: „Das, was Sie da von sich geben, entbehrt doch jeglicher Grundlage. Mit einem solchen Halbwissen würde ich lieber meinen Mund halten!" Baff! Ja, das sind Sie im ersten Moment auch. Sind Sie nun in der Lage, intelligent zu kontern, oder stehen Sie einfach nur da wie ein begossener Pudel?

Vielleicht hat Ihnen jemand etwas buchstäblich „an den Kopf geworfen" und Ihnen wollte in diesem Moment partout keine halbwegs intelligente Antwort einfallen. Später hatten Sie dann plötzlich die perfekte Antwort parat? Im Gespräch hat man nicht die Zeit, stundenlang über eine Antwort nachzudenken. Da muss diese wie aus der Pistole geschossen kommen. Dabei sollte das Ziel niemals Ihr Gegenüber, sondern bestenfalls der Inhalt des Gesagten sein.

1.1 Immer das richtige Wort auf den Lippen

Immer das richtige Wort auf den Lippen zu haben, ist nicht gerade einfach. Manchmal ist man aufgrund eines Angriffes, noch dazu, wenn er völlig unvorbereitet oder von einem Menschen kommt, dem man dies nie zugetraut hätte, so perplex, dass einem nichts Kluges einfällt. Gestehen Sie sich solche „Blackouts" zu. Sie sind ein Mensch und reagieren nun einmal menschlich – Kompliment. Denn manchmal kann ein noch so schlagfertiger Gesprächspartner sein Umfeld nicht für sich gewinnen, eben gerade, weil er wirklich immer einen „dummen“ Spruch auf den Lippen hat. Wer immer kontert, ob gekonnt oder nicht, ist noch lange nicht intelligent schlagfertig, sondern einfach nur nie um ein Wort verlegen.

Die Kunst der Diplomatie

Nicht jedem Menschen ist es gegeben, mit Taktgefühl heikle Gesprächssituationen zu meistern. Nicht umsonst gibt es die Diplomatie, in der es auch in politischen Konflikten darum geht, eine für beide Seiten akzeptable Lösung zu finden. Vier Geheimnisse der Diplomatie biete ich Ihnen hier an:

1. Immer freundlich bleiben

Was auch immer Sie sagen, bleiben Sie freundlich. Und wenn Sie auch noch so hart attackiert werden: Ein Lächeln hat noch nie geschadet. Ein Lächeln bewirkt nicht nur, dass Sie selbst gelassener reagieren, sondern es verhindert auch eine zwischenmenschliche Eskalation. Vielleicht wird Ihr Gesprächspartner ob seiner harten Worte und Ihrer Reaktion sogar etwas verlegen. Dann können Sie ihn mit einer netten verbalen Geste: „Keine Sorge, so geht es mir auch manchmal!“ oder „Manchmal sieht man einfach rot!“ oder „Gut, dass Sie Ihrem Unmut gleich Luft gemacht haben!“ auffangen.

2. Kompromiss statt Konfrontation

Oft scheinen Gegensätze oder Meinungsverschiedenheiten unüberbrückbar. Vermeiden Sie unbedingt eine direkte Konfrontation. Versuchen Sie, trotz aller Gegensätze, kleine Gemeinsamkeiten zu finden. Die gibt es immer! Streben Sie eine Lösung an, die beide Seiten befriedigt. Durch Kompromisse bauen Sie ein Wir-Gefühl auf.

3. Nicht (vor anderen) bloßstellen

Was auch immer Sie unter vier Augen besprechen, wenn Zuhörer vorhanden sind, gelten andere Spielregeln. Stellen Sie Ihren Gesprächspartner nie bloß. Selbst wenn Sie die Zuhörer vielleicht kurz auf Ihrer Seite haben: schnell wendet sich das Blatt – und die Menge wendet sich dem vermeintlich „Schwächeren“ zu.

4. Kommunikatives Geschick

Das richtige Wort zur richtigen Zeit bewirkt wahre Wunder. Anstatt zu fordern „Also, wenn das nicht genau so funktioniert, werde ich mir eben einen anderen Anbieter suchen müssen!“, versuchen Sie es lieber auf die „sanfte Tour“. Mit „Ich habe da ein riesiges Problem und hoffe, Sie können für mich etwas zaubern!“ kommen Sie sicher weiter.

Mit Taktgefühl heikle Situationen zu meistern, schafft eine gute Voraussetzung dafür, im Ernstfall souverän mit verbalen Angriffen umzugehen.

Sie müssen nicht immer den passenden Spruch auf den Lippen haben. Bleiben Sie authentisch und kontern Sie nur dann, wenn Sie wirklich so gekonnt schlagfertig antworten können, dass Ihr Gesprächspartner Sie für Ihre humorvolle Art schätzen lernt.

1.2 Der Schlagfertigkeitstempel

Effektive Gespräche und eine intelligente Schlagfertigkeit – alles, was mit Menschen und deren Kommunikation zu tun hat, funktioniert nur dann wirklich gut, wenn entscheidende Themen berücksichtigt werden. Natürlich können Sie sich dieses Wissen und bestimmte Techniken antrainieren, an Ihrer Souveränität arbeiten und Verhaltensregeln anwenden. Gehen Sie allerdings auch davon aus, dass Sie bei Ihren Gesprächspartnern nicht immer Idealbedingungen vorfinden. Es liegt an Ihnen, dies mit dem eigenen Können auszugleichen.

Mit dem Schlagfertigkeitstempel gebe ich Ihnen die wesentlichen und tragenden Säulen einer gelungenen Kommunikation an die Hand. Auch im antiken Griechenland standen die Tempel nur dann fest, wenn sie

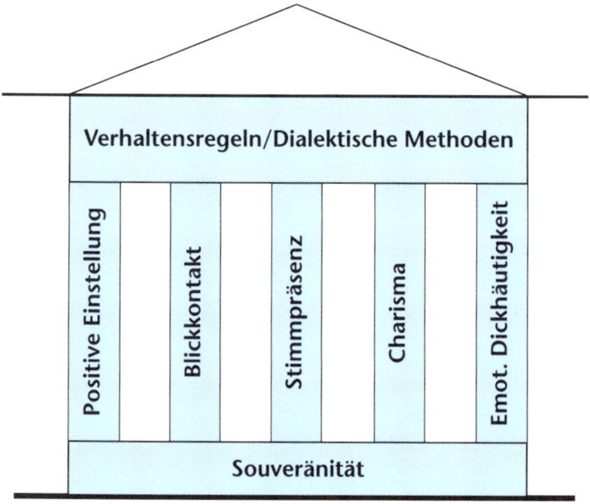

von stabilen Säulen getragen wurden. Gute Gespräche sind nur dann möglich, wenn Kommunikations-Techniken, die sich durchaus trainieren lassen, auf stabilen persönlichen Säulen ruhen. Fünf Faktoren sind es, die im Gespräch zu mehr Souveränität verhelfen. Es sind zugleich die fünf Säulen des Schlagfertigkeitstempels:

Positive Einstellung

Ein uralter Grundsatz gilt auch für die Kommunikation: Die eigene Einstellung ist ausschlaggebend für das Verhalten der anderen. Glauben Sie also, gut kommunizieren zu können, empfinden dies auch Ihre Gesprächspartner – und umgekehrt. Haben Sie eine negative Einstellung zu sich selbst, prägt dies auch das kommunikative Verhalten zu Ihrem Umfeld. In dem Moment, in dem Sie Ihre Einstellung ändern, stellen Sie fest, dass Sie durchaus die Möglichkeit haben, mit Ihren Mitmenschen effektiv zu kommunizieren.

Blickkontakt

Der Blickkontakt ist eines der einfachsten Mittel in der Kommunikation. Schauen Sie die anderen freundlich, jedoch bestimmt an, vermitteln Sie den Eindruck eines Menschen, der weiß, was er will. Weit geöffnete Augen zeigen Ihrem Gegenüber außerdem: „Ich habe Interesse an Ihnen und Ihren Ausführungen". Richten Sie den Blick nach oben, das zeigt eine optimistische Grundeinstellung.

Stimmpräsenz statt Lautstärke

Die Stimme hat eine entscheidende Wirkung auf jede Art der Kommunikation. In vielen Rhetorikseminaren wird auch heute noch gelehrt, zum Zweck der Persönlichkeitsentfaltung und/oder zur Steigerung der Wahrnehmung bei den Zuhörern möglichst laut zu sprechen. Viele kommunikative Menschen praktizieren das Gegenteil und erreichen so die volle Aufmerksamkeit ihrer Zuhörer. Eine leise sanfte Stimme ist entgegen landläufiger Meinungen kein Hindernis für eine gute Kommunikation. Wichtig sind nämlich auch das Tempo, in dem Sie etwas sagen, und die Stimmlage. Bevor Sie zu laut, zu schnell und zu hektisch sprechen, reden Sie langsam. Sie stellen fest, dass sich plötzlich Ihre Stimmlage verändert und Ihre Gesprächspartner Ihnen erhöhte Aufmerksamkeit schenken.

Charisma

Ob Einzelgespräch oder Rede: Wichtig ist die Präsenz, die Sie in einem Raum ausstrahlen. Ihr(e) Gesprächspartner oder Zuhörer sollen die Aura spüren, sobald Sie den Raum betreten haben. Diese charismatische Ausstrahlung ist das Geheimnis redegewandter Menschen, die alleine durch ihre Anwesenheit wirken. Wenn Sie konsequent an Ihrer persönlichen Ausstrahlung arbeiten, wird Ihr Umfeld Sie anders wahrnehmen und die wachsende Aura spüren. Was ist Charisma? Charisma ist dieses undefinierbare Etwas, das Ihren Worten mehr Gewicht verleiht. Es ist die physische Wärme, die Sie vermitteln und welche sich auf andere überträgt.

Emotionale Dickhäutigkeit

Emotionen gibt es in Gesprächen immer wieder – ob positiver oder negativer Art. Sie lassen sich meist auch nicht einfach ausradieren. Warum auch? Emotionen machen Gespräche menschlicher, vorausgesetzt, sie bewegen sich in „normalen“ Bahnen. Allerdings legen sich viele Menschen eine Art Panzer zu, um Gefühle gerade in schwierigen Gesprächssituationen nicht zu nahe an sich heranzulassen. Vergleichbar mit Ärzten und Schwestern, die ja auch nicht beim Tod jedes Patienten verzweifeln können, sonst wären sie nicht mehr fähig, gute Arbeit zu leisten. Wenn Sie von Emotionen überrollt werden, sind Sie nicht mehr in der Lage, ein erfolgreiches Gespräch zu führen. Die Gefahr ist groß, dass Sie die Kontrolle verlieren, überreagieren. Eine gewisse emotionale Dickhäutigkeit hilft Ihnen, den mentalen Fokus richtig einzustellen.

Im Schlagfertigkeitstempel sind die wichtigsten Bereiche einer intelligenten Kommunikation aufgeführt. Zwischen fairen Verhaltensregeln und Ihrer persönlichen Souveränität bewegen Sie sich mit den Säulen der intelligenten Schlagfertigkeit auf sicherem und erfolgreichem Terrain:

- *Programmieren Sie sich auf eine positive Grundeinstellung.*
- *Halten Sie Blickkontakt, das schafft Vertrauen.*
- *Schulen Sie Ihre Stimmpräsenz.*
- *Erhöhen Sie Ihren Charisma-Faktor.*
- *Legen Sie sich eine emotionale Dickhäutigkeit zu, dann werfen Sie verbale Attacken nicht so leicht aus der Bahn.*

2. Kommunikation pur

Wie gehen Sie mit Sprache um? *Seite 17*

Beherrschen Sie die Psychologie der Verhandlung? *Seite 21*

Warum ist die Beziehungsebene so wichtig? *Seite 28*

Die Kommunikation stellt besondere Ansprüche an uns Menschen. Es gibt enorme Unterschiede, was den Stil und die Vielfalt der kommunikativen Möglichkeiten anbelangt. Wie gehen wir mit unserer Sprache um? Reden Sie einfach so drauflos, „wie Ihnen der Schnabel gewachsen ist", oder überlegen Sie je nach Situation, was Sie sagen? Benutzen Sie die Wörter, die Sie schon immer benutzt haben, oder lernen Sie täglich neue hinzu? Interessieren Sie sich für die Sprache und nutzen Sie dieses Juwel für Ihre tägliche Kommunikation?

2.1 Juwel Sprache – mehr als Worte

Ich kenne Menschen, die jedes Wort, das sie nicht kennen, nachschlagen. Dadurch wächst nicht nur der Wortschatz und damit die Kommunikationsfähigkeit, auch die Allgemeinbildung steigt. Und schließlich hilft diese Methode, die vielen grauen Zellen im Kopf fit zu halten. Andere hingegen beschäftigen sich eher damit, wie sie eine SMS verkürzen. Als wir noch Briefe schrieben, waren Dichter unsere Vorbilder. Und bei Liebesbriefen, so selten diese auch geworden sind, ist es noch heute so: Jedes Wort ist wohl überlegt, an jedem Satz wird gefeilt, bis wirklich genau das auf dem Papier steht, was wir zum Ausdruck bringen wollen.

Im Gespräch ist dies nicht immer möglich. Deshalb ist es umso wichtiger, sich eine kommunikative Vielfalt zu erarbeiten, d. h. das Juwel Sprache kontinuierlich zu polieren und am Glänzen zu halten.

Der Wortschatz und seine Macht

Je umfangreicher Ihr Wortschatz ist, umso besser können Sie sich ausdrücken. Wichtig ist in diesem Zusammenhang, sich so auszudrücken, dass Ihr Gesprächspartner auch die Chance hat, das Gesagte zu verstehen. Nicht Fremdwörter oder Fach-Kauderwelsch sind gefragt, sondern ein zuhörer-orientierter Sprachstil, der immer dessen Informationsstand angepasst ist.

1. Genauer definieren

Wörter haben oft mehrere Bedeutungen: Die Mutter sorgt dafür, dass die Schraube fest sitzt oder dafür, dass das Kind am Abend rechtzeitig ins Bett geht. Beim Wort Glas wird oft im Zusammenhang genauer definiert, ob es sich um ein Fern-, ein Fenster- oder ein Rotweinglas handelt. Wenn die Bedeutung eines Begriffes nicht aus dem Zusammenhang deutlich wird, sorgen Sie dafür, dass Sie und Ihr Gesprächspartner wirklich vom gleichen sprechen – sonst kommt es leicht zu Missverständnissen.

2. Unwörter vermeiden

Welcher Verkäufer beschäftigt sich schon gerne mit einer Reklamation? Versuchen Sie es das nächste Mal mit einer wertvollen Verbesserungsidee! Es gibt Wörter, die einen eher negativen Beigeschmack haben. Tauschen Sie diese ganz einfach aus, z. B. fordern (besser: bitten) oder belehren (besser: informieren). Vermeiden Sie so genannte Weichmacher in der Kommunikation, z. B.

- Vielleicht (wird es nun erledigt oder nicht?); Man (wer?); Sollte, müsste, könnte (ja oder nein?); Eigentlich (machen Sie es nun oder nicht?)

Vermeiden Sie einmal ganz bewusst eine Woche die Wörter „Vielleicht“ und „Eigentlich“.

3. Satzlänge kürzen

Lange Sätze sind kein Beweis dafür, dass Sie wissenschaftlich gebildet sind, zumindest dann nicht, wenn Sie damit normale Menschen zur Verzweiflung treiben. Hier gilt: In der Kürze liegt die Würze. Drücken Sie sich verständlich aus.

4. Verben und Adjektive wirken lebendiger

Substantive, die mit -ung oder -keit enden, machen Satzzusammenhänge komplizierter. Verben und Adjektive hingegen würzen jede Kommunikation, sie veranschaulichen Informationen.

Übungen:

A) Wählen Sie ein Adjektiv, z. B. „jung“, und schreiben Sie in 60 Sekunden alle Adjektive auf, die Ihnen dazu einfallen: dynamisch, lebendig, entdeckungsfreudig u. a.

B) Legen Sie einen Buchstaben fest, z. B. „F“, und notieren Sie innerhalb von 60 Sekunden alle Verben, die mit diesem Buchstaben beginnen.

Die Sprache mit ihren Worten, Begriffen, Sätzen und Zusammenhängen ist ein Diamant. Vielleicht ist dieser bei Ihnen sogar lupenrein, aber eben noch nicht fertig geschliffen. Sorgen Sie durch Übung und Offenheit dafür, dass Ihr Juwel Sprache von Tag zu Tag mehr in seiner Reinheit erstrahlt.

2.2 Gespräche meistern

Gespräche sind etwas Wunderbares. Sie können Menschen (besser) kennen lernen, wertvolle Informationen erhalten, Ihre Interessen vertreten oder einfach nur die Zeit angenehm verbringen. Natürlich gibt es nicht nur angenehme Gespräche – das wäre auch zu einfach. Ein Kommunikations-Profi, der mit Herz und Verstand bei der Sache ist, zeigt sein wahres Können erst in schwierigen Gesprächssituationen.

Kommunikation heißt Gesprächs-Führung
Wer kommuniziert, führt auch. Denn jedes Gespräch hat das Ziel, vom Gegenüber etwas zu erfahren (also fragen wir), oder den Gesprächspartner zu überzeugen (also argumentieren wir). So gesehen spielen in der Kommunikation nicht nur sachliche Fakten eine Rolle, sondern besonders auch die zwischenmenschliche Komponente. Wer kommuniziert, lenkt den Gesprächspartner in eine bestimmte Richtung.

Gespräche stehen an der Tagesordnung, ob zur Bewerbung, im Kundenkontakt oder als Smalltalk. Auf Angriffe, ob gerechtfertigt oder nicht, reagieren wir oft mit einem Gegenschlag. Kritik einfach mal anzunehmen und darüber nachzudenken, fällt den meisten Menschen schwer. Wer auch hier souverän und nur in persönlichen Angriffssituationen mit einem gekonnten Konter reagiert, hat sehr viel gelernt. Dass es nämlich oft nichts bringt, kurzfristig eine (Gesprächs-) Schlacht zu gewinnen und dafür langfristig den (Kommunikations-) Krieg zu verlieren.

Den richtigen Ton in Gesprächen zu treffen, ist nicht einfach. In Gesprächssituationen in jedem Fall ruhig und souverän zu reagieren und nicht verbal um sich zu schlagen ebenfalls. Berücksichtigen Sie beides, beherrschen Sie die Kunst der Gesprächs-Führung durch Kommunikation.

2.3 Die Psychologie der Verhandlung

Verhandlung? Denken Sie, das ist doch nur etwas für Verkäufer? Oder: Verhandeln tue ich gerade mal, wenn ich mir ein teures Auto oder vielleicht eine neue Wohnungseinrichtung kaufe? Viele scheuen davor zurück, selbst wenn inzwischen alle Tore des „Feilschens" geöffnet sind. Aber sind wir auf einem arabischen Basar? Nein und auch wieder ja. Denn Verhandeln tun wir immer im Leben. Ob es das Kind ist, das mit dem Vater darum feilscht, eine halbe Stunde länger aufbleiben zu dürfen. Oder im Beruf, wenn es um Beförderungen oder Gehaltsverhandlungen geht.

Spannend wird es in Gesprächen, wenn verschiedene Meinungen oder Ansichten aufeinander treffen. Nach einigem Hin und Her einigt man sich in der Regel auf einen Weg, den man gemeinsam gehen kann und will. Oder man vertagt sich, bis die besseren Argumente des einen den anderen wirklich überzeugen können.

Von Typen und Gesprächs-Persönlichkeiten
Treffen zwei Menschen das erste Mal im Gespräch aufeinander, findet zunächst einmal ein „Abchecken" statt:

Wie spricht der andere, wie reagiert er auf Äußerungen? Bleibt er ruhig, hat er seine Emotionen unter Kontrolle oder braust er auf und reagiert emotional? Trifft er Entscheidungen eher zögerlich oder impulsiv? Je nachdem werden wir auch weiterhin dementsprechend kommunizieren. Bedenken Sie jedoch bei jeder Wertung Ihres Gegenübers, dass vieles von der Tagesform abhängt und überprüfen Sie, bevor Sie ihn in eine Schublade stecken, ob seine (Re-)Aktionen dies auch wirklich zulassen.

Verhandlungen von Mensch zu Mensch machen Spaß. Insbesondere dann, wenn beide Seiten offen bleiben, neben dem eigenen Ziel auch die Andersartigkeit des Gesprächspartners akzeptieren und, damit verbunden, dessen Interessen zumindest respektieren.

2.4 Mit fairer Dialektik überzeugen

„Von einer gewissen Position in Wirtschaft und Gesellschaft an ist die Persönlichkeitsbildung die wichtigste Vorbereitung für gekonnte Dialektik." *(Rupert Lay)*

Laut Duden ist Dialektik „die Erforschung der Wahrheit durch Aufweisung und Überwindung von Widersprüchen; Gegensätzlichkeit". Wir schlagen hier folgende Definition vor:

Dialektik ist die Kunst, Menschen zu überzeugen.

Auf dem Weg, andere Menschen von etwas zu überzeugen, ist die faire Art der Dialektik ein Erfolgsfaktor.

Denn sie führt erst durch das Spiel mit Worten und den geschickten Umgang mit der Sprache zur Überzeugung. Wer dialektisch geschult ist, hat eine natürliche Autorität, so dass er seine Macht, sofern vorhanden, nicht ausspielen muss.

Dialektik – ein zweischneidiges Schwert

Der Unterschied zwischen fairer und unfairer Dialektik ist ebenso leicht erklärt wie entscheidend in Gesprächen.

Unfaire Dialektik hat zum Zweck, mit allen Mitteln Recht zu haben und zu behalten bzw. den anderen kurzfristig zu überreden. Es handelt sich um eine Auseinandersetzung, die mit mehr oder weniger schweren Waffen geschlagen wird. Am Schluss gibt es einen Sieger und einen oder mehrere Verlierer. Unfaire Methoden lassen Raum für intelligente Schlagfertigkeit. Vorausgesetzt, der Gesprächspartner lässt sich auf das Niveau des Angreifers nicht herab. Hierzu zwei Methoden:

Kompetenz-Taktik: Sie antworten z. B. auf die Aussage:
„*Sie sind wohl nicht auf dem Laufenden*" mit
„*Wenn Sie die letzte Entwicklung verfolgt hätten, wüssten Sie, dass ...*"

Bei der **Methode „Unzustellbar/Falsche Adresse"** beziehen Sie den Angriff
„*Sie können offensichtlich keine Ordnung halten!*"
nicht auf sich, sondern kontern:
„*Sagte immer Ihre Mutter zu Ihnen?*"

Faire Dialektik hat das Ziel, den Gesprächspartner langfristig zu überzeugen – sowohl von der eigenen Person als auch von den Inhalten. Faire Techniken kommen zum Einsatz, Argumente treffen auf Gegenargumente, aus denen zum Schluss eine Synthese entsteht. Der Bessere wird gewinnen, ohne dass der andere verliert.

Auch hierzu zwei Methoden:
Bei der **Methode der bedingten Zustimmung** reagieren Sie auf die Aussage eines Kollegen
„Ich hätte diesen Bericht ganz anders geschrieben"
nicht beleidigt, sondern Sie geben Ihrem Gegenüber zunächst einmal Recht, bevor Sie seine Aussage geschickt korrigieren.
„Ich gebe Ihnen insgesamt Recht, setze nur einen anderen Akzent…"

Bei der **Referenzmethode** und einer Kundenaussage, wie *„So kann das einfach nicht funktionieren"*,
geben Sie eine Referenz an:
„Das glaubte auch ein anderer Kunde, der inzwischen von unserer Lösung begeistert ist."

Die Qual der Wahl
Dialektik macht dann am meisten Spaß, wenn zwei gleich starke Gesprächspartner aufeinander treffen. Dann erst werden Rede und Gegenrede zu einer Form der Kunst, in der beide Parteien mit einer gewissen Raffinesse versuchen, den anderen zu überzeugen – nicht durch unfaire Mittel, sondern durch die besseren Argumente und deren effektvolle Darbietung.

Sie können auf ein und dieselbe Aussage fair oder unfair reagieren. Sie reden oder schweigen zu gegebenem Anlass. Sie alleine treffen die Entscheidung. Sie alleine müssen auch mit den Konsequenzen leben. Bedenken Sie dabei, dass einmal Gesagtes nur schwer ungeschehen gemacht werden kann.

Unfaire Dialektik kennen – faire Dialektik einsetzen
Ich bin ein Verfechter fairer Dialektik, wohl wissend, dass es unfaire Methoden gibt. Und auch Sie sollten sich dieser Tatsache bewusst sein: Wann immer es die Umstände zulassen, sollten Sie faire Techniken vorziehen. Dann können Sie sich morgens im Spiegel anlächeln. Ohne Gefahr zu laufen, dass hinter jeder Ecke vermeintliche Feinde lauern, denen Sie schon mal bewiesen haben, wie geschickt (und verletzend) Sie kommunizieren können. Hier zwei Beispiele:

1) **„Wenn ich Ihre Ausführungen höre, habe ich das Gefühl, dass Ihr IQ kaum höher ist als die Raumtemperatur."**

   Unfair: „Lässt Sie denn die Komplexität meiner Gedankengänge oder die hohe Raumtemperatur ins Schwitzen kommen?"
   Fair: „Ich habe mich wohl unpräzise ausgedrückt. Welche Punkte sollte ich Ihrer Meinung nach verdeutlichen?"

2) **„Das, was Sie von sich geben, ist nur fundiertes Halbwissen. Das Ganze entbehrt jeglicher wissenschaftlicher Grundlage."**

Unfair: „Aus welchen Gründen benutzen Sie als seriöser Mensch plumpe Beleidigungen statt stichhaltige Argumente?"
Fair: „Ihre Aussage macht mich betroffen. Bitte erklären Sie mir genauer, auf welche Bereiche Sie sich beziehen."

3) „Hochkarätige Experten sind da ganz anderer Meinung. Sie sind einhellig zu dem Schluss gekommen, dass ..."

Unfair: „Ausgerechnet Sie wollen das beurteilen!?"
Fair: „Aufgrund welcher wissenschaftlichen Methoden und mit welchen statistischen Verfahren sind die Experten zu diesem Schluss gekommen?"

Wie Sie sehen, haben Sie zumindest meistens die Wahl der Waffen. Bedenken Sie aber: Mit den Konsequenzen müssen Sie leben!

7 Tipps für faire Dialektik

1. Bereiten Sie sich intensiv vor. Machen Sie sich ein Bild Ihres Gesprächspartners. Nutzen Sie alle Informationsquellen. Wenn Sie Ihr Gegenüber besser kennen als er Sie, dann haben Sie schon einen wichtigen Vorsprung.
2. Schaffen Sie eine positive Atmosphäre. Lassen Sie Ihren Gesprächspartner wissen, dass Sie beide gemeinsame Interessen, Ansichten und Teilergebnisse verfolgen.

3. Sprechen Sie immer zum richtigen Zeitpunkt. Warten Sie mit Ihren besten Argumenten, bis Sie diese wirklich treffend einsetzen können. Jedes Gespräch sollte dramaturgisch, also mit einem Spannungsbogen, aufgebaut sein.
4. Fragen Sie. Wer fragt, der führt. Dialektik spielt nicht im Gegenüber von Behauptungen und Meinungen, sondern im Spiel von Frage und Antwort. Durch Feststellungen legen Sie sich fest, durch Fragen steuern Sie das Gespräch und kommen weiter.
5. Sprechen Sie Ihren Gesprächspartner direkt mit seinem Namen an und halten Sie sich im Hintergrund. Sprechen Sie Ihren Partner emotional an. Verhalten Sie sich natürlich, zeigen Sie Gefühle und reagieren Sie spontan und voller Offenheit.
6. Vermeiden Sie unnötige Spannungen. Je harmonischer ein Gespräch verläuft, umso eher lässt sich ein Gesprächspartner überzeugen. Überlegen Sie sich deshalb: Will ich Recht haben oder will ich erfolgreich kommunizieren? Überlegenheitsdemonstrationen bauen nur Spannungen auf. Zeigen Sie Ihrem Gesprächspartner, dass Sie seinen Standpunkt verstehen und ernst nehmen.
7. Wenn Sie nichts zu sagen haben, schweigen Sie.

Manipulieren Sie Ihre Gesprächspartner, überreden Sie diese oder spielen Sie gar Ihre Macht aus und agieren damit doppelt unfair, können Sie gewinnen – jedoch meist nur kurzfristig.
Langfristig allerdings pflegen Sie Beziehungen nur durch einen fairen Umgang miteinander.

2.5 Achtung der Beziehungsebene

Meist gibt es nicht die eine richtige Meinung, die alleinige Lösung für ein Problem oder die allmächtige Antwort auf eine Frage.

Respektvoll kontern
Geben Sie Ihrem Gesprächspartner zu verstehen: Deine Meinung hat eine Berechtigung, ich akzeptiere deine Werte und Einstellungen. Gehen Sie davon aus, dass der andere der „Böse" ist und Sie mit Ihrer Meinung als „Herr der Wahrheit" gelten müssen, werden Sie sicher mit etwas Übung auch effektvoll kontern. Es wird Ihnen darum gehen, den anderen als „Bösen" bloßzustellen, um selbst als der „Bessere" erkannt zu werden. Doch oft ist genau das Gegenteil der Fall. Verfolgen andere Menschen diese Auseinandersetzung, stellen sie sich häufig auf die Seite des vermeintlich Schwächeren und Ihr Verhalten wirft kein positives Licht auf Sie. Kontern Sie unter Achtung der Beziehungsebene, werden Sie den anderen nicht verletzen, sondern Verständnis zeigen, um ihm Ihre Argumente zu verdeutlichen. Mit folgenden Formulierungen kann dies gelingen:

- „Auf den ersten Blick scheint dies so auszusehen, weitere Aspekte werden zeigen, dass ..."
- „Ich respektiere Ihre Meinung. Mir würde es auch so gehen, wenn ..."
- „Ihr Blickwinkel der Angelegenheit fasziniert mich, diese Sicht hatte ich noch nicht ..."
- „Aus Ihrer Perspektive betrachtet, muss das Ganze ja anders aussehen ..."

> „Um Erfolg zu haben, musst du den Standpunkt des anderen annehmen und die Dinge mit seinen Augen betrachten." *(Henry Ford)*

Auch wenn Sie anderer Meinung sind, lassen Sie Ihren Gesprächspartner Mensch sein. Er will mit seinen Werten und Vorstellungen genauso respektiert werden wie Sie. Mit etwas Gelassenheit und dem Wissen, dass es verschiedene Menschen, Welten und Wahrheiten gibt, gelingen schlagfertige Gespräche vom Feinsten.

In der Kommunikation ist soziale Kompetenz gefragt. Gespräche gelingen, wenn wir bewusst mit Sprache und unseren Gesprächspartnern umgehen.

- *Beschäftigen Sie sich mit den Feinheiten der deutschen Sprache, damit Sie immer gekonnt und verständlich formulieren können.*
- *Setzen Sie faire Dialektik ein, auch wenn Sie unfair attackiert werden.*
- *Lassen Sie andere Meinungen gelten, und überzeugen Sie Ihre Gesprächspartner durch die besseren Argumente.*

3. Sprachlosigkeit im Alltag und ihre Ursachen

Welche Rolle spielt die soziale Verunsicherung bei der Sprachlosigkeit im Alltag? *Seite 31*

Welchen Anteil am Erfolg hat die Vorbereitung? *Seite 33*

Nutzen Sie die Kraft und Macht eines Lächelns? *Seite 36*

Wussten Sie, dass Ehepaare durchschnittlich nur sieben Minuten am Tag miteinander reden? Spekulationen darüber, ob es in dieser Zeit um wirklich wichtige Themen geht oder nur darum, wer den Müll herunterbringt, müssen wir sicher nicht anstellen. In anderen Lebensbereichen sprechen wir oft sehr viel zueinander oder übereinander. Stellt sich nur die Frage, ob wir wirklich auch miteinander reden. Natürlich bietet die moderne Technik per E-Mail oder SMS wunderbare Möglichkeiten, Informationen auszutauschen oder Angelegenheiten zu klären. Und doch gibt es Dinge, die wir lieber persönlich besprechen, über die wir zumindest per Telefon oder sogar unter vier Augen reden wollen und sollen.

3.1 Soziale Verunsicherung

„Wo das Gespräch verstummt, hört das Menschsein auf", sagte schon Bert Brecht. Gespräche, das Miteinander-Kommunizieren, zeichnen uns Menschen aus. Und doch sind wir Menschen in diesem Bereich verunsichert. Sicher kennen Sie folgende Situation: Eigentlich müssten Sie wieder einmal Ihre Freundin anrufen. Eigentlich würde ein persönliches Gespräch im Kollegenkreis manches Problem leichter lösen. Ja, eigentlich ... aber dann ist wieder keine Zeit dafür. Dann muss eine SMS oder eine Rund-Mail genügen. Es genügt manchmal eben doch nicht und Zweifel machen sich breit: „Mag sie mich vielleicht nicht mehr?" oder „Was er wohl wieder Herrn Maier über mich erzählt?"

Kontakt zu anderen Menschen

Menschen brauchen den direkten Kontakt zu anderen Menschen. Aus den USA kommt zwar der Begriff des „Cocooning“, bei dem die Menschen sich aus Angst immer mehr einigeln, zuhause arbeiten und alle Besorgungen übers Internet ordern und dann frei Haus liefern lassen. Allerdings weiß jeder, der von einem Home-Office aus arbeitet, dass sich zwar in Ruhe konzentriert arbeiten lässt, jedoch der zwischenmenschliche Kontakt fehlt. Sei es ein kollegialer Plausch auf dem Gang, das Händeschütteln mit einem Kunden oder der Blickkontakt in einem persönlichen Meeting – Menschen können besser kommunizieren, wenn sie ihr Gegenüber hören, sehen und mit allen Sinnen erleben.

Suchen Sie bewusst Gesprächssituationen. Schreiben Sie lieber eine SMS und eine E-Mail weniger und greifen Sie zum Telefonhörer oder vereinbaren Sie ein persönliches Treffen. Dies hilft Ihnen, Ihre kommunikativen Fähigkeiten zu verbessern.

3.2 Von Stärken und Schwächen

Kennen Sie Ihre Stärken und Schwächen genau? Was machen Sie gerne? Was weniger? In welchen Bereichen haben Sie die größeren Erfolge? Genau: Das, was Sie gerne machen, machen Sie meist auch gut. Und was hat das alles mit Schlagfertigkeit zu tun? Diese Frage will ich Ihnen gerne beantworten: Wissen Sie um Ihre Stärken, treten Sie selbstbewusster auf und haben dementsprechend auch eine andere Art zu kommunizieren.

Wurzeln aus der Kindheit
Talent-Experten raten, das Leben nach Schlüsselerlebnissen zu durchforsten: Wann hatten Sie ein besonderes Erfolgserlebnis und warum? Sollten Sie sich keiner solchen Schlüsselerlebnisse bewusst sein, fragen Sie doch einfach mal Begleiter Ihrer Kindheit und Jugend. Vieles ist im Laufe unseres Lebens verloren gegangen oder meist auch nur verschüttet worden. Tief in Ihrem Innern wissen Sie genau, was Sie wirklich wollen (und demnach auch besser – als andere – können). Schaffen Sie eine Art Bestandsaufnahme Ihrer Persönlichkeitsstruktur, indem Sie folgende Fragen beantworten:

- Was liebe ich an meiner Tätigkeit?
- Was mache ich weniger gerne?
- Was war mein größter Erfolg?
- Welche Fähigkeiten habe ich dazu benötigt?

Viele Menschen haben Stärken, von denen sie oft nichts wissen. Deshalb kann eine Bestandsaufnahme dazu verhelfen, diese zu erkennen, was wiederum den Erfolg nach sich zieht.

3.3 Durch Vorbereitung Erfolge schaffen

Sicherlich würden Sie keine Weltreise antreten, ohne sich intensiv darauf vorbereitet zu haben: Wie sieht die Reiseroute aus? Welche Sehenswürdigkeiten möchte ich sehen? Welche Impfungen brauche ich? Selbst ein 14-tägiger Urlaub wird meistens geplant. In Gespräche allerdings meinen wir ohne Vorbereitung gehen zu können, weil wir ja „der deutschen Sprache mächtig“ und dadurch schon jeder Situation gewachsen zu sein glauben.

Doch weit gefehlt: Natürlich ist die Kenntnis der Sprache und die Liebe zur Kommunikation eine wichtige Basis, allerdings führt nur ein auf beiden Seiten gut vorbereitetes Gespräch auch wirklich zum gewünschten Erfolg. Sie wissen, mit wem Sie wann worüber sprechen wollen – das ist die Grundvoraussetzung. Haben Sie schon einmal darüber nachgedacht, welche Vorstellungen wohl Ihr Gesprächspartner hat?

Fragen schaffen Klarheit

Bereiten Sie sich auf Gespräche vor. Natürlich müssen Sie dies nicht jedes Mal tun, wenn Sie mit Ihrem Partner das Fernsehprogramm diskutieren. Sprechen Sie allerdings mit Ihrem Vorgesetzen über Ihr Gehalt, rate ich Ihnen dringend, sich vorher intensiv mit folgenden Fragen auseinander zu setzen:

- Wie lauten meine Ziele?
- Was will ich mindestens erreichen, welchen Kompromiss kann ich eingehen?
- Welche Ziele und Aspekte hat möglicherweise mein Gesprächspartner?
- Welche Argumente habe ich? Welche Informationen muss ich noch besorgen?
- Wie verhalte ich mich?

Situationen durchspielen

Gehen Sie ruhig in Gedanken das Gespräch schon einmal durch. Wenn es sich um ein besonders wichtiges

Gespräch handelt, hat auch ein Probedurchlauf noch nie geschadet. Ein Freund oder eine Freundin findet sich bestimmt, der/die den Gegenpart übernimmt. Und wenn Sie dann die Rollen sogar einmal tauschen und Sie sich mit den vermeintlichen Argumenten Ihres Gesprächspartners beschäftigen, sind Sie für den „Ernstfall" bestens gerüstet. Eine gute Vorbereitung bietet beiden Gesprächspartnern Nutzen und Vorteile, z. B. eine Zeitersparnis, weil beide schneller zum wesentlichen Punkt kommen. Damit verbunden Ruhe und Sicherheit, weil Sie sich ja mit vielen (möglicherweise Pro- und Contra-) Argumenten bereits beschäftigt haben. Sie strahlen dadurch neben inhaltlicher auch persönliche und kommunikative Kompetenz aus.

Gesprächspartner sind Lehrer

Vorbereitung bedeutet, jede Gesprächssituation zu nutzen. Wenn Sie immer nur „Mäuschen" spielen, sich dezent im Hintergrund halten, bringen Sie sich um wertvolle Trainingseinheiten. Ergreifen Sie dann das Wort, wenn Sie wirklich etwas zu sagen haben. Suchen Sie Gesprächssituationen. Halten Sie Ausschau nach interessanten Menschen, mit denen Sie sich verbal austauschen können. Sehen Sie jeden Gesprächspartner als persönlichen Coach an.

Vorbereitung ist der entscheidende Erfolgsfaktor, wenn es um Gesprächsführung geht. Überlegen Sie genau, welche Aspekte Ihnen in der Kommunikation wichtig sind und wie Sie sich durch inhaltliche und strategische Vorbereitung als kompetenter Gesprächspartner zeigen können.

3.4 Ein Lächeln schafft Verbindungen

Ein Lächeln sagt oft mehr als tausend Worte und ist sicherlich die kürzeste Verbindung zwischen zwei Menschen. Wenn Sie verbal angegriffen werden, bewirkt ein Lächeln oft mehr als jeder noch so gut gewählte Konter. Ein Lächeln beweist: Sie sind entspannt und der andere kann Sie mit seinem (unfairen) Angriff nicht treffen, prallt sozusagen an Ihrer Souveränität, die Sie auch ausstrahlen, ab.

Natürlich hilft Ihnen ein Lächeln nicht nur dabei, einen Angriff abzuwehren. Es bewirkt, dass Sie gar nicht erst angegriffen werden. Wer als Sonnenschein durch die Welt geht, wird weniger mit Gewitterwolken konfrontiert werden, Blitz und Donner haben keine Chance. Jedes Lächeln baut eine Brücke von Mensch zu Mensch und ist deshalb für jede Form der Kommunikation äußerst hilfreich. Jeder Gesprächspartner wird es Ihnen danken, wenn Sie lächelnd auf ihn zugehen und wenn auch während des Gesprächs das ein oder andere Lächeln auf Ihrem Gesicht erscheint. In jeder kommunikativen Lage trägt dieses unmittelbar zum Wohlbefinden aller Beteiligten bei.

Die Sprachlosigkeit im Alltag wurzelt oft in der sozialen Verunsicherung. Vor allem auf der kommunikativen Ebene führt dies zu Einschränkungen, die sich durch einfache Maßnahmen beheben lassen:

- *Finden Sie Ihre Stärken heraus und werden Sie dadurch selbstbewusster.*

- *Bereiten Sie sich inhaltlich und strategisch intensiv vor und schaffen Sie dadurch den emotionalen Zugang zu Ihrem Gesprächspartner.*
- *Lächeln Sie einmal öfter, das macht Gespräche nicht nur angenehmer, sondern auch erfolgreicher.*

4. Erfolgsfaktoren der Kommunikation

Welche Argumentations-Modelle gibt es? *Seite 41*

Können Sie mit Ihrer Stimme Stimmungen erzeugen? *Seite 43*

Was bedeutet der Name für Sie (und andere)? *Seite 46*

Kommunikativer Erfolg stellt sich immer dann ein, wenn Menschen glaubwürdig kommunizieren. Je mehr Sie „Sie selbst“ sind, authentisch in dem, was Sie sagen und tun, umso besser gelingen Gespräche. Sprechen Sie Ihre Erwartungen offen an und fordern Sie auch Ihre Gesprächspartner auf, dies zu tun. Gehen Sie offen miteinander um.

4.1 Die Argumentation macht´s

Sprechen zwei Menschen mit unterschiedlichen Ansichten über ein Thema, kann es ihnen passieren, dass der eine den anderen

- überzeugt (durch die richtigen Argumente)
- überredet (durch die lauteren Argumente)
- keine Chance hat, weil die Argumente des Gesprächspartners ebenso gut sind wie die eigenen.

Argumente spielen also in einer fairen Kommunikation die entscheidende Rolle: wer welche Meinung teilt, annimmt oder eben auch nicht. Umso entscheidender ist es, sich vor wichtigen Gesprächen eine Argumentation zu überlegen. Je besser die strategische und inhaltliche Vorbereitung ist, umso besser die Möglichkeit, das Gespräch erfolgreich zu führen und den anderen vielleicht sogar zu überzeugen.

Sich einmal auf den Stuhl des anderen setzen
Überlegen Sie sich nicht nur die eigenen Argumente, sondern beschäftigen Sie sich gedanklich auch einmal mit den möglichen Argumenten Ihres Gesprächspart-

ners. Das verhindert, dass Sie während des Gesprächs nur Ihre eigenen Interessen im Kopf haben. Sie bleiben flexibler in der Argumentation. Menschen neigen dazu (weil sie ja fest davon überzeugt sind, dass ihre Argumente die besseren sind), dem Gesprächspartner immer wieder ihre Argumente „um die Ohren zu hauen". Sie bemerken gar nicht, dass ihre Worte auch beim fünften Mal den Gesprächspartner nicht überzeugen.

Verschiedene Argumentationsmuster

Ist es Ihnen schon einmal passiert? Zu einem Ihnen bekannten Thema, in dem Sie sich immer sicher gefühlt haben, wurden Sie plötzlich von Ihrem Gesprächspartner „eines Besseren belehrt"? Vielleicht lag es daran, dass dieser sich bis ins kleinste Detail vorbereitet hatte und Sie mit Ihren „veralteten" Argumenten nicht Schritt halten konnten.

Selbst wenn Sie vermeintlich das größere Wissen haben: Ein Gespräch kann schnell in eine für Sie völlig falsche Richtung laufen, wenn Ihr Wissen nicht strukturiert ist. Dann sind Sie schnell überzeugt, obwohl Sie doch überzeugen wollten. Bereiten Sie Ihre Argumentation professionell auf. Folgende Argumentationsmuster helfen Ihnen bei der Struktur, bieten Ihren Gesprächspartnern weniger Angriffsfläche und bieten damit für Sie eine größere Sicherheit, nicht schlagfertig kontern zu müssen.

In der **Argumentationskette** folgen der Meinung oder Behauptung ein bis drei Argumente in einer (chrono)logischen Reihenfolge und schließlich die Schlussfolgerung.

Bei der **dialektischen Methode** gibt es zwei durchaus ebenbürtige Argumente. Aus diesen wird dann ein Vergleich und daraus wieder eine Schlussfolgerung gezogen.

Die **Vergleichs-Argumentation** stellt zwei Meinungen mit jeweils einer Begründung gegenüber. Da beide Meinungen hier meist sehr gefestigt sind, zeigt man durch einen vollkommen anderen Aspekt auf, dass es eben noch weitere Sichtweisen gibt.

Bei der **Kompromiss-Methode** werden zwei gegensätzliche Meinungen gegeneinander abgewogen und ein gemeinsamer „Nenner" gesucht.

Bei einer **Umweg-Argumentation** wird darauf hingewiesen, dass bislang immer nur ein Aspekt berücksichtigt wurde, und damit die Diskussion auf eine andere Schiene gelenkt.

Durch eine geschickte und je nach Thema aufgebaute Argumentation haben Sie die Möglichkeit, das Gespräch positiv zu führen und Ihren Gesprächspartner gezielt zu beeinflussen. [1]

Unterschiedlich wie die Menschen, so sind auch ihre Meinungen und Ziele. Argumente, richtig aufbereitet, sind der Schlüssel zum Gesprächserfolg, weil der Gesprächspartner überzeugt und nicht überredet wird.

---

[1] Eine ausführliche Darstellung der Argumentationsfiguren mit Beispielen finden Sie in meinen zwei Büchern „Spitzengespräche" und „Gekonnt Gekontert" (siehe Literaturverzeichnis).

4.2 Augen sprechen Bände

Der erste Blickkontakt entscheidet oft, ob zwei Menschen einen Draht zueinander finden oder nicht – und das, bevor überhaupt ein Wort gesprochen ist. Ob am Beginn oder im Verlauf eines Gesprächs: Der Blickkontakt zeigt: „Ich bin mit meinen Gedanken bei dir, ich höre dir aufmerksam zu."

Die Sprache der Augen
Die Sprache der Augen ist vielfältig. Wenn Ihr Blick während eines Gesprächs abschweift, fesselt Sie das Gesagte Ihres Gegenübers nicht. Auch Ihre Aussagen wirken wenig konzentriert. Wenn Sie verschüchtert zu Boden blicken, werden Sie keine schlagfertige Antwort geben können. Sie können noch so viele Späßchen machen: Wenn Ihre Augen traurig sind, merkt Ihr Gesprächspartner, dass etwas nicht stimmt. Die Begeisterung, die Sie ausstrahlen, zeigt sich am deutlichsten in Ihren Augen.

Sind Sie es gar nicht mehr gewohnt, jemandem intensiv in die Augen zu blicken? Schon nach kürzester Zeit schauen Sie verunsichert weg? Warum? Sie haben doch nichts zu verbergen, oder? Viele Menschen reagieren unsicher, wenn ihr Gegenüber intensiven Blickkontakt hält. Blickkontakt lässt sich trainieren, indem Sie

- mit fremden Menschen, z. B. in der U-Bahn, Blickkontakt aufnehmen und halten – offen, freundlich, natürlich und nicht aufdringlich.

- Distanzen und Rollenverhältnisse austesten. Welche Rolle spielt die Entfernung für den Blickkontakt?

Sie werden erstaunt sein, zu welchen visuellen Wahrnehmungen Sie fähig sind. Wenn Blicke „töten“ können, erreichen sie auch noch vieles mehr ...

Der Blick ist oft der erste Kontakt zu einem anderen Menschen. Im Gespräch ist er das Bindeglied, das dem Gesprächspartner Aufmerksamkeit zuteil werden lässt und ihn zugleich fesseln kann.

4.3 Mit der Stimme Stimmung erzeugen

Haben Sie sich schon einmal in die Stimme eines Menschen verliebt, ohne diesen je von Angesicht zu Angesicht gesehen zu haben? Schmelzen Sie bei manchen Stimmen dahin? Läuft es Ihnen eiskalt den Rücken hinunter – nicht vor Wonne, sondern weil Ihnen die Töne das Blut in den Adern gefrieren lassen? Sie merken: Mit der Stimme erzeugen wir Stimmungen. Wenn dies im Unterbewussten funktioniert, warum sollten wir dieses Wissen nicht auch bewusst anwenden?

Die Macht der Stimme

In Gesprächen ist die Stimme der direkte Draht zum Gegenüber. Unabhängig davon, was gesagt wird, ist viel entscheidender, wie etwas gesagt wird. Die exakt gleiche Frage kann unterschiedlich betont völlig verschiedene Eindrücke hinterlassen. Gerade in Konter-Situationen hängt der Erfolg einer schlagfertigen Antwort oft auch von der Stimme ab. Die Stimme kann noch viel mehr – sie kann einen Menschen streicheln oder schlagen, angreifen, verurteilen oder fördern.

Von Pausen und Betonungen
Ein gleich bleibender Singsang kann ganz schön einschläfernd wirken. Spricht jemand mit unterschiedlichen Betonungen, setzt er Pausen an den entscheidenden Stellen und ist er mit seiner Persönlichkeit dabei, dann kann jedes noch so langweilige Thema zum Krimi werden. Auch die Atmung spielt dabei eine entscheidende Rolle: Ist die Atmung tief und gleichmäßig, klingt auch die Stimme tiefer und bewusster. Sind Sie dagegen nervös oder aufgeregt, ist Ihr Puls beschleunigt und Ihre Atmung flacher, so ist auch Ihre Stimmlage meist ein wenig höher.

Die Stimmpräsenz ist ein wertvolles Mittel der Kommunikation. Ähnlich einem Musikinstrument kann auch die Stimme Stimmungen erzeugen und damit ein Gespräch entscheidend beeinflussen. Erst durch eine lebendige Sprechweise wird die Kommunikation lebendig und damit zum Genuss für beide Seiten.

4.4 Mimik – Gestik – Körpersprache

Nicht nur die Stimme zählt: auch Mimik, Gestik und Körpersprache. Experten gehen davon aus, dass 70 bis 90 Prozent einer Information ohne Worte, also nonverbal, vermittelt werden. Auf was legen Sie Wert? Überlegen Sie lange, was Sie in einem Gespräch anführen? Wollen Sie kluge Sprüche, die Ihnen in jeder Situation die Sicherheit geben, schlagfertig zu sein? Eines steht fest: Sind Sie eine Persönlichkeit, strahlen Sie Charisma aus und sind Sie authentisch, dann werden Sie sowieso nicht so häufig angegriffen und benötigen weniger schlagfertige Antworten.

Ein stimmiges Bild in der Kommunikation
Körpersprache bzw. auch Mimik und Gestik gab es schon, bevor es eine Sprache zur Verständigung gab. Ein Blick genügt und Verliebte wissen, was der eine vom anderen will. Bevor ein Kind sprechen kann, drückt es viele seiner Wünsche und Bedürfnisse durch Mimik, Gestik und Körpersprache aus – ohne dass es diese jemals gelernt hat. Unser Körper „spricht" während eines Gesprächs. Auch dann, wenn wir etwas anderes sagen. Jammern Sie doch einmal mit einem Lächeln im Gesicht: „Och, geht es mir heute schlecht!"

Verlassen Sie sich auf Ihren Instinkt und beobachten Sie Ihre Gesprächspartner: Wie harmonisch stimmt der Inhalt des Gesagten mit Gestik, Mimik und Körpersprache überein?

Die Körpersprache ist unsere ureigenste Sprache. Und doch birgt sie viele Geheimnisse, weil wir ihr nicht so vertraut sind. Meist merken wir nur unbewusst, ob Mimik, Gestik und Haltung mit dem Gesagten übereinstimmen. Dann allerdings ist die nonverbale Kommunikation die ideale Begleiterscheinung eines erfolgreichen Gesprächs.

4.5 Die Macht des Namens

Sind Sie stolz auf das, was Sie erreicht haben? Sind Sie stolz auf Ihren Namen bzw. auf das, wofür dieser steht? Ihre Fähigkeiten, Leistungen und Erfolge sind verknüpft mit Ihrem Namen. Menschen sprechen ihren eigenen Namen auf sehr unterschiedliche Weise aus. Die einen flüstern ihren Namen, andere nennen nur ihren Nachnamen. Andere trauen sich nicht nachzufragen, wenn sie einen Namen nicht richtig verstanden haben.

Der Name als erste Visitenkarte

Der Name ist etwas ganz Besonderes – gehen Sie entsprechend damit um. Wollen Sie „der Friedrich“ oder lieber Hans-Jürgen Friedrich sein? Stellen Sie sich also immer mit vollem Vor- und Zunamen vor. Nennen Sie dabei zuerst den Nachnamen und dann nochmals den kompletten Namen „... Hans-Jürgen Friedrich“ – so bleiben Ihr Name und Sie im Gedächtnis des Gegenübers haften.

Noch besser gelingt dies natürlich, wenn Sie Ihren Namen in einem bestimmten Zusammenhang darstellen. Ob dies Ihr Beruf ist oder ob Sie einen privaten Bezug herstellen, Hauptsache, Sie erreichen bei Ihrem Gesprächspartner, dass er mit Ihrer Person einen Namen und eine Verbindung speichert.

Expertenstatus schaffen

Im Wirtschaftsleben gilt es immer mehr, sich einen persönlichen Expertenstatus zu schaffen. Sie müssen für etwas stehen, das Sie im Idealfall besser können als ein anderer. Und genau dafür steht dann auch Ihr Name. Thomas Mann sagte: „Der Name ist ein Stück des Seins und der Seele.“ Sie können vieles ablegen oder wechseln, von der Kleidung über Beziehungen bis zum Beruf – Ihr Name bleibt Ihnen im Normalfall ein ganzes Leben erhalten. Nicht umsonst behalten immer mehr Frauen auch nach der Heirat ihren Namen bei – besonders wenn sie sich bis dahin bereits „einen Namen gemacht haben“. Vielleicht schätzen Sie jetzt auch den Namen Ihrer Gesprächspartner höher ein? Ist Ihnen bewusst, dass der Mensch nichts so gerne hört wie den eigenen Namen? Inzwischen arbeiten sogar große Kaufhaus-Ketten daran, dass, sobald die Kreditkarte des Kunden eingelesen wird, der Name im Display der Verkäuferin erscheint und diese ihn mit seinem Namen anspricht.

Die Kommunikation hat viele Erfolgsfaktoren, die ein Gespräch gelingen lassen oder zum Angriff und damit notwendigen Konter geradezu einladen:

- *Bereiten Sie sich mit einer guten Argumentationsstruktur auf wichtige Gespräche vor.*
- *Bauen Sie intensiven Blickkontakt auf und nutzen Sie die Kommunikationsfaktoren der Körpersprache: Mimik, Gestik sowie Haltung. Sorgen Sie dafür, dass sie stimmig sind.*
- *Erzeugen Sie mit Ihrer Stimme Stimmungen, umso leichter gewinnen Sie auch Ihre Gesprächspartner.*
- *Seien Sie stolz auf Ihren Namen und sprechen Sie auch Ihre Gesprächspartner regelmäßig mit Namen an.*

5. Die Soft Facts

Ist Ihnen die Bedeutung Ihrer persönlichen Einstellung bewusst? *Seite 50*

Nutzen Sie die Kraft der Begeisterung? *Seite 53*

Was bedeutet für Sie Charisma? *Seite 55*

Die Hard Facts beherrschen viele. Sie haben Erfahrung mit unterschiedlichen Gesprächen, sind wortgewandt und lieben den Umgang mit der Sprache ebenso wie mit Menschen. Wenn Kommunikationssituationen schwierig sind und Gespräche scheitern, dann oft, weil es an den Soft Facts mangelt. Von der persönlichen Einstellung über die Begeisterung bis hin zum Charisma – oft sind es gerade diese Bereiche, die einen Gesprächserfolg herbeiführen. Erst durch eine gewisse Souveränität meistert man verbale Angriffe und wird mit jeder Erfahrung ein kleines Stückchen weiser im Umgang mit Menschen. Und der Kommunikationserfolg wächst in allen Gesprächssituationen.

5.1 Die persönliche Einstellung zählt

Fast jeder kennt die Geschichte, ob das Glas nun halb voll oder halb leer ist. Wie ist das bei Ihnen? Sind Sie ein rettungsloser Pessimist, der immer davon ausgeht, dass er im Gespräch angegriffen wird und dem natürlich gerade dann keine auch nur halbwegs intelligente Antwort einfällt? Oder sind Sie eher optimistisch, gehen Sie mit einem Lächeln durch die Welt, die Ihnen im Grunde genommen gar nichts Böses tun kann? Genauso steht es auch mit der Kommunikation: Sie gehen davon aus, dass Ihre Gesprächspartner Sie nicht angreifen werden, warum auch? Und sollte dies doch einmal passieren, fällt Ihnen spontan schon etwas dazu ein, das Ihrem Gemüt entsprechend natürlich ebenso locker und nicht verletzend ist.

Die persönliche Einstellung entscheidet darüber, ob Gespräche gelingen und ob Schlagfertigkeit nötig ist. Sollte sie es doch sein, entscheidet wiederum Ihre Einstellung darüber, ob der Konter gelingt oder nicht. Je nachdem, was Sie damit bezwecken wollen. Sie alleine entscheiden, ob Sie in jedem Fall schlagfertig sind und dadurch manchmal „zerschlagenes Porzellan hinterlassen". Oder ob Sie unabhängig von Meinungen und Ansichten zwar in der Sache hart kontern, jedoch den Menschen in Ihrem Gespräch „leben lassen". Mit einer fairen und positiven Einstellung gelingen Gespräche von vornherein besser. Jede schlagfertige Antwort wird unter der Voraussicht gegeben, dem Gesprächspartner am Ende der Auseinandersetzung noch in die Augen sehen zu können.

Zwischen Selbst- und Fremdbild

Wenn Sie morgens in den Spiegel schauen, sehen Sie sich selbst – Ihr Gesicht, Ihre Augen, vielleicht Ihre Arme, Ihre Beine usw. Und Sie hören sich ja auch selbst, wenn Sie sprechen. Nur eben ganz anders, als es andere tun – das wissen Sie spätestens, wenn Sie Ihre Stimme zum ersten Mal vom Band hören. Die Stimme klingt dann richtig fremd. Um diesen Unterschied zwischen Selbst- und Fremdbild geht es auch in der Kommunikation und beim Abtausch von Schlagfertigkeiten. Denn oft haben andere Menschen einen anderen Eindruck von Ihnen als Sie selbst.

Übung: Fragen Sie doch einfach einmal unterschiedliche Menschen in Ihrem beruflichen Umfeld, wie Sie auf diese wirken. Bitten Sie diese offen und ehrlich um deren Meinung – vielleicht den Kollegen im Büro, wie Sie für ihn bei Telefongesprächen „herüberkommen", oder auch verschiedene Gesprächspartner z. B. bei einem Meeting.

Vielleicht halten Sie sich selbst für konsequent und die anderen wiederum empfinden Sie als streng oder gar verkniffen. Vielleicht fühlen Sie sich eher schüchtern und die anderen werten Ihr Verhalten als überlegt. Durch einen Abgleich von Selbst- und Fremdbild und eine kleine Kurskorrektur können Sie oftmals einen Schritt in die entscheidende Richtung gehen. Sie verbessern dadurch Ihre Kommunikationsfähigkeit sowie Ihre Souveränität im Umgang mit verbalen Angriffen und schlagfertigen Kontern.

Die Einstellung entscheidet über den Kommunikationserfolg. Überlegen Sie, ob Sie zerschlagenes Porzellan hinterlassen oder eine dauerhafte Gesprächsbasis schaffen wollen. Dementsprechend verantwortungsvoll werden Sie mit Schlagfertigkeit umgehen.

5.2 Gefühle äußern

Gefühle spielen in Gesprächen eine große Rolle. Eine verbale Attacke erfolgt meist, wenn Gefühle verletzt werden: ob verletzter Stolz, das Gefühl, etwas besser zu wissen, oder einfach nur, es dem anderen einmal zu zeigen. Je besser Sie mit Ihren Gefühlen umgehen können, also auch mit der Angst und der Lust, verbal zurückzuschlagen, umso mehr Erfolg haben Sie in Gesprächen.

Kleinigkeiten können reizen

Es kommt immer auf Ihre Tagesform an, ob Sie über manches Dahingesagte milde lächeln oder „hochgehen wie eine Rakete“. Am besten lässt sich dies mit einem Liebespaar vergleichen: Ist die Liebe noch frisch, schwebt man vor lauter Glück auf Wolke sieben, kann einen so gut wie keine Bemerkung aus der Ruhe bringen. Ist allerdings den ganzen lieben langen Tag im Beruf alles schief gelaufen, fahren Sie zuhause beim kleinsten falschen Wort aus der Haut. Sie führen ein und dasselbe Gespräch anders, wenn Sie im „Flow“ sind, sich also wunderbar fühlen, weil alles gut läuft, oder wenn Sie einen Tag erleben, an dem Sie besser morgens gar nicht aufgestanden wären.

Natürlich spielen die Gefühle nicht nur bei Ihnen Achterbahn, auch bei Ihrem Gegenüber hängt das Feingefühl in der Kommunikation von den unterschiedlichsten Faktoren ab. Wie soll aufgrund solcher Unsicherheiten also überhaupt ein Gespräch gelingen? Ganz einfach: Mit etwas Gespür für das eigene Gefühl und das des Gesprächspartners. Und mit dem Mut, auch einmal über aufkommende Gefühle zu sprechen – vor allen Dingen rechtzeitig, bevor das Gespräch zu eskalieren droht.

Zwischen den Zeilen hören

Um Gefühle anderer Menschen wahrzunehmen, müssen Sie sehr genau zuhören, manchmal sogar hineinhören. Oft sind es nur Kleinigkeiten, die das Gespräch in eine nicht gewollte Richtung lenken. Werden Sie hellhörig, kultivieren Sie Ihre Fähigkeit, Stimmungen wahrzunehmen und diese durch das eigene Einwirken zu verändern. Nehmen Sie positive Gefühle während eines Gesprächs dankbar an und lernen Sie auch negative Gefühle zu schätzen. Diese machen eine Veränderung oft erst möglich. Ein still vor sich hinschwelender Konflikt ist manchmal schlimmer als ein offen ausgetragener Streit – wenn die eingesetzten verbalen Mittel fair sind.

Die Macht der Gefühle hilft uns, in unserer Kommunikation glaubwürdig zu sein. Gehen Sie mit jeder Art von Gefühlen um – dann sind Sie mit Ihren Werten und Überzeugungen glaubwürdig. Empathie und emotionale Intelligenz verhelfen dazu, Win-Win-Situationen zu schaffen.

5.3 Die Kraft der Begeisterung

Wahre Begeisterung kommt von innen und überträgt sich automatisch auf Ihre Gesprächspartner. Wenn Sie von einem Thema sprechen, das Ihnen wirklich am Herzen liegt, wird das jeder Mensch in Ihrem Umkreis merken: Ihre Augen funkeln, Ihre Mimik, Gestik und Körpersprache sind stimmig und Ihre Stimme ist so präsent, dass Sie jeden in Ihren Bann ziehen können.

„Ohne Begeisterung, welche die Seele mit einer gesunden Wärme erfüllt, wird nie etwas Großes zustande gebracht", wusste schon Adolph von Knigge. Ein Experte kann noch so viel Know-how und theoretisches Wissen haben: Wenn er als Bergsteiger nicht einmal das Geröll unter seinen Füßen gespürt, den Sonnenaufgang „in der Wand“ gesehen und die unbeschreibliche Ruhe auf einem einsamen Gipfel erlebt hat, wird er seine Zuhörer nicht fesseln. Spürt man diese Begeisterung allerdings, wird auch wirklich niemand auf den Gedanken kommen, einen verbalen Angriff zu starten. Warum auch? Alles ist stimmig und wenn es Spaß macht zuzuhören, warum sollte man die Rede oder das Gespräch, spannend wie es ist, unterbrechen?

Magnetische Wirkung

In der Welt der Gedanken zieht man das an, was man ausstrahlt. Gehen Sie mit einem Lächeln durch die Welt, wird sie zurücklächeln. Sehen Sie alles schwarz, werden auch die Menschen in Ihrem Umfeld jammern: „Alles ist schlecht!“ Überlegen Sie doch einmal, wie Sie kommunizieren. Sprechen Sie immer wieder von Themen, die weder Sie noch den Rest der Menschheit interessieren? Schweigen Sie lieber? Haben Sie immer das letzte Wort – geschweige denn es kommt überhaupt ein anderer zu Wort außer Ihnen? Oder sprechen Sie nur, wenn Sie wirklich etwas Wertvolles zum Gespräch beizutragen haben, dann aber mit einer Begeisterung, die ihresgleichen sucht? Sie lassen Ihren Gesprächspartner ausreden, stimmen ihm zu, wenn Sie zustimmen können, und sprechen Punkte offen an, in denen Sie anderer Meinung sind. Was Sie ausstrahlen, kommt zu Ihnen zurück – ganz gleich, ob es Hektik in Gesprächen ist oder Ruhe, ob Sie authentisch sind und fair mit anderen umgehen oder sich lieber persönlich profilieren wollen.

*Ehrliche Begeisterung ist wie ein Boomerang:
Je mehr Sie ausstrahlen, umso mehr kommt zu Ihnen zurück: In Form von wundervollen Gesprächen mit positivem Feedback und einer offenen und fairen Diskussionskultur.*

5.4 Dreh- und Angelpunkt Charisma

Charisma ist etwas Wundervolles. Menschen mit dieser ganz besonderen Ausstrahlung gibt es in allen Bereichen. Nicht nur Berühmtheiten haben diese besondere Ausstrahlung. Sie müssen nur bei Begegnungen und in Gesprächen einmal darauf achten. Sie werden erstaunt sein, wie viele charismatische Menschen es gibt. Es sind genau die Menschen, die in sich selbst ruhen und welche diese innere Ruhe nach außen abstrahlen, ja sogar auf andere übertragen. Stärke und natürliche Macht gehen von charismatischen Menschen aus. Von Persönlichkeiten, mit denen man sich gerne umgibt, mit denen man gerne spricht, weil sie authentisch sind und anderen Menschen ein Gefühl der Wertigkeit vermitteln.
Charisma bedeutet laut Wahrig, Deutsches Wörterbuch:

„göttliche Gnadengabe, Berufung; Ausstrahlung (griech. Charisma „Gnadengeschenk")"

In der Soziologie bedeutet Charisma eine auf persönliche Ausstrahlung begründete besondere Form der Autorität. Wobei Autorität aus dem lateinischen „auctoritas" („Urheberschaft") mit Ansehen, Einfluss und

Geltung gleichgesetzt wird. Letztendlich scheiden sich die Geister, was Charisma denn nun wirklich ist, denn eine genaue Definition gibt es nicht. Charisma ist dieses undefinierbare Etwas, das dem, was wir sagen, mehr Gewicht verleiht. Menschen mit Charisma drücken bereits durch ihre bloße Anwesenheit mehr aus, als andere mit vielen Worten je ausdrücken könnten. Das Umfeld spürt diese angenehme Aura und wird im Umgang miteinander ebenfalls menschlicher.

Das Charisma-Geheim-Rezept gibt es nicht

Man nehme 20 Jahre Lebenserfahrung, mische diese mit innerer Ruhe, natürlicher Autorität, 50 % Stimmpräsenz und einer kleinen Prise Sexappeal und fertig ist der charismatische Mensch!? Ein Charisma-Rezept gibt es nicht!

Haben Sie Charisma? Manchmal hat wohl nahezu jeder Mensch Charisma. Wenn er dann zum richtigen Zeitpunkt mit dem richtigen Thema auch noch auf den richtigen Gesprächspartner trifft – dann wird ein Funke dieser Gnadengabe sichtbar und das Gespräch verläuft erfolgreich.

Den Charisma-Faktor selbst erhöhen

Überlegen Sie doch selbst einmal, wie Sie wirken: Wollen Sie immer im Mittelpunkt stehen und schaffen Sie dies zumeist auch, weil Sie eben immer den Pausenclown oder einfach zu allem „Ihren Senf“ dazugeben? Oder stehen Sie automatisch im Mittelpunkt, weil Ihr „Auditorium“ Sie aufgrund Ihrer natürlichen Ausstrahlung in die Mitte rückt?

Beobachten Sie charismatische Menschen genau und Sie stellen fest, dass diese intensiven Blickkontakt halten. Natürlich schweift auch ihr Blick nicht ständig ab, sondern ist fokussiert. Ebenso konzentriert wirken sie in jeder Sekunde des Gesprächs – sie sind gedanklich immer beim Gesprächspartner und überzeugen mit einer enormen Stimmpräsenz. Und damit kommen wir dem Rezept doch wieder etwas näher, wie Sie Ihren so genannten Charisma-Faktor erhöhen:

- Schaffen Sie Klarheit im Denken durch klare Ziele.
- Bleiben Sie immer ruhig und entspannt – auch in schwierigen Situationen.
- Zeigen Sie Freundlichkeit im Umgang mit (allen) Menschen.
- Handeln Sie entschieden und mit Willensstärke.
- Haben Sie einen hohen Anspruch an das eigene Tun.
- Seien Sie großzügig in Kleinigkeiten und genau in wirklich wichtigen Belangen.

Charisma lässt sich lernen: Sie strahlen natürliche Souveränität aus, weil Sie genau wissen, wer Sie sind, und sich mit all Ihren Stärken und Schwächen akzeptieren. Was Sie tun bzw. sagen geschieht immer mit bestem Wissen und Gewissen und mit dem Respekt für andere Menschen bzw. deren Werte, Einstellungen und Ansichten.

5 Tipps, wie Sie charismatischer wirken.

1. Entwickeln und leben Sie Ihren eigenen Stil und seien Sie in allem, was Sie tun und sagen, möglichst authentisch. Wer eine positive Einstellung zu sich

selbst hat und einfach nur er selbst ist, wirkt auf andere sympathischer.

2. Strahlen Sie Ruhe und Gelassenheit aus! Nutzen Sie in besonderen Stress-Situationen beispielsweise Atem- oder Entspannungstechniken, um Ihre Nervosität in Grenzen zu halten.

3. Sensibilisieren Sie sich für Ihren inneren Dialog und achten Sie auch auf Ihre Emotionen. Der Dialog mit sich selbst entscheidet wesentlich über Ihre charismatische Wirkung.

4. Suchen Sie den Kontakt zu anderen Menschen und verbessern Sie Ihre soziale Kompetenz! Charismatische Persönlichkeiten haben keine Scheu vor der Nähe zu anderen und befinden sich im regen Austausch mit ihrer Umwelt und anderen Personen.

5. Geben Sie anderen Menschen das Gefühl, dass sie sich in Ihrer Nähe wohl fühlen können. Charismatische Menschen lassen ihre Mitmenschen ein Gefühl von Wärme und Wohlbefinden spüren.

Charisma ist eine tragende Säule jeder gelungenen Kommunikation. Menschen mit Charisma schätzen nicht nur die eigene Meinung, sondern respektieren auch die ihrer Gesprächspartner.
Außerdem tragen Sie durch Klarheit, Ruhe und Gelassenheit sowie entschiedenem Handeln dazu bei, dass faire Gespräche gelingen.

5.5 Emotionale Dickhäutigkeit

Konzentrieren Sie sich in einem Gespräch auf das, was Sie sagen (wollen), auf Ihre Ziele und die Fragen, die Sie stellen? Oder achten Sie mit Argusaugen und -ohren auf das, was Ihr Gesprächspartner von sich gibt? Was auf der einen Seite sinnvoll ist, weil Sie natürlich aufmerksam zuhören und so auch Emotionen bei Ihrem Gegenüber aufspüren, bringt Sie auf der anderen Seite dazu, vielleicht auch selbst emotional schneller (über-) zu reagieren. Geht es um das Thema intelligente Schlagfertigkeit, können Sie sich sicher vorstellen, dass ein solches Verhalten nicht besonders intelligent ist.

Einen Panzer zulegen

Emotionen lassen sich nicht einfach verleugnen oder ausblenden. Und wenn Sie jemand angreift, werden Sie natürlich diese negativen Emotionen auch spüren. Die Frage ist nur, wie Sie damit umgehen. Verteidigen Sie sich sofort? Greifen Sie ebenfalls gleich an? Sofort und gleich sollten Sie nur eines tun: sich einen Panzer zulegen, an dem Angriffe zunächst einmal an Ihnen „abprallen". Viele Menschen, die wirklich erfolgreich kommunizieren, haben einen solchen Panzer. Dieser hilft Ihnen dabei, souverän mit verbalen Attacken umzugehen und die Lage zu kontrollieren. So können Unstimmigkeiten aus der Welt geschafft werden und beide Seiten mit einem guten Gefühl aus dem Gespräch gehen – ob es nun zu einem Konsens kommt oder nicht.

Machen wir uns nichts vor: In Gesprächen gibt es immer wieder Situationen, in denen Sie mit Ihrer Weisheit am Ende sind. Ein Wort gibt das andere, die Situation eskaliert und nach einigen Beschimpfungen trennt man sich mit einem unguten Gefühl. Auch das ist menschlich und doch müssen wir uns nach so einem Erlebnis zumindest fragen: Was ist passiert?

Fragen Sie sich: „Warum konnte ich nicht souverän mit der Sache umgehen?“ Suchen Sie die Schuld nicht bei dem anderen, sondern bei sich selbst. Sie können nämlich nur an Ihrem eigenen Verhalten etwas ändern und damit das nächste Gespräch rechtzeitig in eine andere Bahn lenken. Mit etwas emotionaler Dickhäutigkeit und einer Strategie schaffen Sie es dann auch, schwierige Gesprächssituationen gekonnt zu meistern.

Langfristige Ziele weisen den Weg

Vielleicht möchten Sie Ihrem Gesprächspartner am liebsten „an die Gurgel gehen“. Was auch immer in einem Gespräch passiert, vermeiden Sie alles, was die Situation noch mehr anheizen könnte. Verteidigen Sie sich nicht, denn auch das kommt einem Angriff gleich. Vermeiden Sie das Reizwort „Aber“, denn mit „aber das habe ich Ihnen doch schon vor ein paar Minuten ausführlich erklärt“ kommen Sie nicht wirklich in ein ruhigeres Fahrwasser. Und greifen Sie Ihren Gesprächspartner auf keinen Fall an.

Denken Sie ganz einfach immer wieder an Ihr (Gesprächs-)Ziel, denn das weist Ihnen den Weg. Gehen Sie über verbale Angriffe hinweg, nach dem Motto: „Was stört es eine deutsche Eiche, wenn sich ein Wildschwein an ihr wetzt.“ Mit einem innerlichen Schmunzeln (stellen Sie sich das Ganze bildhaft vor) nehmen Sie Ihren Emotionen ganz schnell „den Wind aus den Segeln" und können für eine entspannte Gesprächsatmosphäre sorgen. Konzentrieren Sie sich z. B. auf die nächste Frage, die Sie stellen wollen, oder auf Ihre nächste Aussage und nicht auf das, was der Angreifer gesagt hat.

Auch wenn es nicht immer einfach ist, zeigen Sie Persönlichkeit und emotionale Stärke. Mit entsprechenden Soft Facts sorgen Sie für eine zugleich entspannte und spannende Gesprächsatmosphäre:

- *Gehen Sie mit einer positiven Einstellung in jedes Gespräch.*
- *Lernen Sie, positive wie negative Gefühle wahrzunehmen und diese auch auszudrücken. Besonders Begeisterung überträgt sich und der Funke springt über.*
- *Bauen Sie Ihren Charisma-Faktor aus, denn damit kommunizieren Sie bereits ohne Worte.*
- *Legen Sie sich eine emotionale Dickhäutigkeit zu, so können Sie souveräner mit Angriffen umgehen.*

6. Gekonnt gekontert

Wissen Sie, wie Sie mit so genannten Killerphrasen umgehen? *Seite 67*

Wie können Konflikte gelöst werden? *Seite 70*

Welchen Erfolgsanteil haben Persönlichkeit und Techniken? *Seite 71*

Bis jetzt haben Sie viel über das Kommunikationsverhalten, das eigene wie das Ihrer Gesprächspartner, erfahren und gelesen, wie Sie beides verknüpfen und dadurch erst Gespräche erfolgreich gestalten können. Aber wissen Sie dadurch wirklich immer, was Sie in einem Gespräch erwartet? Oder zumindest, wie Sie adäquat mit allen möglichen Gesprächssituationen umgehen? In keiner Weise! Immer wieder wird es Situationen geben, die für Sie überraschend sind, in denen Unstimmigkeiten auftauchen oder in denen Sie sogar angegriffen werden. Das alles macht die Kommunikation zwischen Menschen ja auch so spannend.

6.1 Von Fragen und Antworten

„Tausend kleine Sachen, die gibt es überall zu sehen, manchmal muss man fragen, um sie zu verstehen ... Wer, Wie, Was, Wieso, Weshalb, Warum – wer nicht fragt, bleibt dumm ...“ Dieses Lied aus der Sesamstraße erklärt Kindern bereits seit Jahrzehnten, wie wichtig es ist, zu fragen. Manchmal wünscht man sich, auch Erwachsene fragten einmal öfter und hörten zu. Die meisten Menschen hören sich einfach nur gerne reden. Für eine intelligente Schlagfertigkeit sind Fragen ein wichtiges Kommunikationsmittel.

Wer fragt, der führt...

Fragen gibt es viele. Fast alle können Sie in Gesprächssituationen verwenden, weil sie Ihnen wertvolle Informationen über Ihren Gesprächspartner und/oder das Thema liefern: Ob geschlossene Fragen, die Ihr Ge-

sprächspartner nur mit einem Ja oder Nein beantworten kann (Waren Sie zur Tatzeit zuhause?), offene Fragen, mit denen Sie mehr erfahren wollen (Wo waren Sie zur Tatzeit?), Alternativfragen (Wollen Sie nun mildernde Umstände mit Bewährung oder lieber Gefängnis?) oder Suggestivfragen (Glauben Sie nicht auch, dass es für Sie besser ist, zu gestehen?).
Vielleicht verleiten sie Ihren Gesprächspartner dazu, mehr zu sagen, als er wirklich will oder, und da wären wir wieder bei intelligenter Schlagfertigkeit, einfach den Mund zu halten. Mit einer Gegenfrage können Sie einem Angreifer nämlich schnell den Wind aus den Segeln nehmen: Auf die angriffslustige Frage: „Warum sind Sie nur so borniert?" geben Sie einfach eine Frage zurück: „Auf welchen Aspekt meiner Ausführungen beziehen Sie sich?" oder „Was verstehen Sie denn unter borniert?" Dadurch ist Ihr Gesprächspartner zunächst einmal völlig verwirrt. Er erwartet eine massive Gegenwehr: „Ich bin nicht borniert!" oder einen Gegenangriff: „Sie haben überhaupt kein Recht, so was zu sagen, und können das sowieso nicht beurteilen", aber auf keinen Fall eine intelligente Gegenfrage.

Aber Vorsicht: Intelligente Gegenfragen wollen wohl überlegt sein und dürfen in keinem Fall geschlossen gestellt werden. Was es damit auf sich hat, erfahren Sie in nachfolgendem Beispiel:
Stellt Ihnen Ihr Chef die Frage:
„Warum sind Sie nur so unkonzentriert?"
und Sie antworten mit:
„Mache ich auf Sie diesen Eindruck?"
oder: *„Wirke ich so auf Sie?"*

wird seine Antwort sicher „Ja" lauten, was nicht in Ihrem Sinne ist. Fragen Sie allerdings:
„Inwieweit haben denn unkonzentrierte Momente etwas mit der Qualität der Arbeitsleistung zu tun?",
kann der „Angreifer" nicht einfach mit „Ja" oder „Nein" antworten und Sie gewinnen Zeit! Ihr Angreifer ist zunächst verblüfft, überlegt dann, was er auf Ihre Frage antworten kann, und schon ist der Angriff abgeblockt, das Muster unterbrochen und die Chance groß, das Gespräch „normal"weiterzuführen. Wichtig ist dabei, dass Sie Blickkontakt halten und die Gegenfrage selbstbewusst formulieren. Gegenfragen können weich bis hart gestellt werden, z. B.:

- „Können Sie mir Ihre Frage bitte näher erläutern?"
- „Auf welche Aspekte beziehen Sie sich genau?"
- „Haben Sie sich das nicht selbst schon gefragt?"

Fragen geschickt ausweichen

Sicher kennen auch Sie Zeitgenossen, die von einer unersättlichen Neugierde getrieben sind und wirklich alles wissen wollen? Oder Gesprächspartner, die ständig indiskrete Fragen stellen? Manchmal wollen und können wir diese Fragen nicht beantworten. Weichen Sie diesen Fragen aus, indem Sie z. B. sagen:

- „Ich bewundere Ihr Talent, irrelevante Fragen zu stellen."
- „Sie haben Ihre Frage gleich selbst beantwortet."
- „Wenn Sie mir verraten, was Sie damit bezwecken, werde ich Ihre Frage gerne beantworten."

Sie merken schon, dass bei diesen Kontermöglichkeiten verschiedene Variationen dabei sind – von elegant bis zerstörerisch. Nun liegt es natürlich an Ihnen, wie Sie mit der Situation umgehen und wie weit Sie sich aus dem Fenster lehnen, ohne hinauszufallen. Mit der Aussage „Meinen Sie das strategisch oder prophylaktisch?“ verwirren Sie schließlich den geübtesten Angreifer.

Kreative Antworten
Nicht immer sind schlagfertige Antworten wirklich spontan. Denn um dieses gewisse Maß an Spontaneität und Esprit zu entwickeln, bedarf es einiger Übung und Erfahrung im Umgang mit Gesprächspartnern und -situationen. Trainieren Sie einfach spontane Assoziationen zu unterschiedlichen Themen:

1. Übung

Geschichten erzählen
Lassen Sie sich von einem Bekannten fünf Begriffe nennen, die nichts miteinander zu tun haben, z. B. „Sonne, Feuerwehrhelm, Hauptverkehrszeit, Therapie, Disco“ und erzählen Sie damit eine Geschichte.

2. Übung

Unerwartete Probleme lösen
Stellen Sie sich vor, Sie reisen in eine fremde Stadt. Es ist bereits Sonntagabend und Ihr Geldbeutel samt Ausweis, Geld und Kreditkarten wird Ihnen gestohlen. Wie schaffen Sie es, am Montagmorgen pünktlich um 8.00 Uhr in Ihrem Büro zu sitzen?

Üben Sie sich in der Fragekunst und zugleich in der Kunst, ebensolchen auszuweichen. Mit etwas Kreativitätstraining werden Sie um spontane Antworten nie mehr verlegen sein. Mit dem Frage-Antwort-Spiel können Sie einen wesentlichen und einfachen Baustein der intelligenten Schlagfertigkeit nutzen.

6.2 Umgang mit Killerphrasen

Kennen Sie diesen Spruch: „Das haben wir schon immer so gemacht!" Junge, kreative Mitarbeiter stoßen sich an solchen Killerphrasen oft ihre Hörner ab, bevor sie resigniert zum Alltagstrott des bereits Bekannten übergehen. Killerphrasen vergiften jede Art der Kommunikation, weil hier vorgefertigte Meinungen massiv vertreten werden und dadurch ein konstruktives Gespräch unmöglich wird. Wenn jemand zu Ihnen sagt:

„Das habe ich Ihnen nun doch schon mehrmals erklärt. Wollen oder können Sie es einfach nicht verstehen?"
können Sie kontern, indem Sie erwidern:
„Sie können es gerne auch noch 10-mal wiederholen, allerdings wird sich der Sachverhalt dann auch nicht verändern!"
oder zur Sache schlagfertig Stellung beziehen:
„Lassen Sie uns gerade diesen Punkt jedoch noch einmal diskutieren. Es hängt einfach zu viel davon ab!"

Wie auch immer Sie auf so genannte Killerphrasen oder Reizformulierungen reagieren: Sie müssen derartige Einwände möglichst schnell vom Tisch haben oder in einer größeren Runde den Störer „ausschalten" – ansonsten ist das Gespräch nicht zu retten. Deshalb sind bei Killerphrasen auch etwas härtere Konter erlaubt. Führen Sie die Aussage und den Angriff Ihres Gegners einfach ad absurdum, indem Sie zurückschlagen: „Versuchen Sie jetzt doch bitte einmal einen intelligenten Kommentar!" – das lähmt jeden Störer. Oder Sie stimmen einfach zu. Wer rechnet schon damit, wenn er jemanden angreift, dass der Angegriffene „Okay, das ist Ihre Meinung!" sagt und so einfach über die Killerphrase hinwegspaziert?

Persönliche Angriffe mit Humor meistern
Humor regiert die Welt. Besonders im Umgang mit verbalen Attacken und Störern. Sie hinterlassen grundsätzlich einen sympathischen Eindruck, wenn Sie einen persönlichen Angriff humorvoll kontern. Eine gute Möglichkeit bieten Zitate, da die berühmten Persönlichkeiten auch Ihnen Autorität verleihen. Außerdem sind Sie inhaltlich aus dem Schneider, weil die Aussage ja nicht von Ihnen kommt.

Persönliche Angriffe beziehen sich oft auf die Intelligenz des Gesprächspartners, z. B. „Sie sind ja wirklich zu blöd, um die einfachsten Zusammenhänge zu erklären!". Wenn Ihnen jemand Ahnungslosigkeit oder sogar Dummheit vorwirft, versuchen Sie es doch mit einem Zitat, z. B. von Wilhelm Busch: „Dummheit, die man bei anderen sieht, wirkt meist erhebend aufs Gemüt" oder Oscar Wilde: „Es ist unglaublich, wie viel Geist in der Welt aufgeboten wird, um Dummheiten zu beweisen." Natürlich muss das Zitat passen. Ist dies der Fall, können Sie humorvoll kontern, entlocken Sie vielleicht sogar Ihrem Gegner ein Lächeln.

Mit Humor und kreativen Sprüchen reagieren Sie locker auf Killerphrasen. Persönliche Angriffe oder Unverschämtheiten haben keine Chance, denn Sie haben es selbst in der Hand, kritische Situationen positiv zu lösen, anstatt das Ganze durch einen Gegenschlag anzuheizen.

6.3 Kommunikation contra Konflikte

Konflikte sind an der Tagesordnung. Ob im privaten Bereich oder im beruflichen Umfeld – Ehen werden geschieden, weil Unstimmigkeiten nicht offen angesprochen werden. Mitarbeiter fühlen sich von ihren Vorgesetzten missverstanden und Vorgesetzte klagen, weil Mitarbeiter sich nicht engagieren. Die Zahl der Mobbing-Opfer wird immer höher. Vulkane brodeln so lange, bis sie ausbrechen und die brennende Lava „verbrannte Erde“ hinterlässt. Dies ist auch bei Konflikten so.

Gewaltfreie Kommunikation
Viele Menschen haben es nicht gelernt, mit Konflikt-Situationen umzugehen. Entweder stehen sie den Problemen hilflos gegenüber und verhalten sich still, in der Hoffnung, dass sich die Probleme in Wohlgefallen auflösen. Das sind diejenigen, die durch Mobbing krank werden und die Abteilung/das Unternehmen als Folge schnellstmöglich verlassen. Andere greifen an. Unter dem Motto „Angriff ist die beste Verteidigung“ schüren

sie Konflikte – so lange, bis Krieg herrscht und sie dann möglichst als Sieger vom Platz gehen. Doch auch diese Vorgehensweise löst Konflikte nicht auf.

5 Tipps, wie Sie kommunizieren, ohne verbrannte Erde zu hinterlassen

1. Bleiben Sie jederzeit freundlich im Ton, aber deutlich und klar in der Sache.
2. Senden Sie Ich- statt Du-/Sie-Botschaften. Ich-Botschaften wirken in der Gesprächsführung weicher und weniger verletzend. So sind Ihre Chancen, den anderen zu einer Verhaltensänderung zu bewegen, viel höher. Sagen Sie „Ich würde mich freuen, wenn Sie ... „ statt „Sie müssen ..."
3. Kommen Sie zum Punkt! Sagen Sie, worum es geht, und reden Sie nicht um den heißen Brei herum.
4. Sprechen Sie eine klare Sprache. Konjunktive („ich würde" statt „ich werde") schwächen Ihre Aussagen. Durch eine bildhafte Ausdrucksweise kann sich das Gehirn Ihres Gegenübers die Botschaft besser merken.
5. Vermeiden Sie Formulierungen, die Misstrauen bei Ihrem Gegenüber wecken oder die ihn zu einer Rechtfertigung zwingen, z. B. Warum-Fragen. Besser eignen sich objektivere Formulierungen wie: „Worauf führen Sie es zurück?"

Miteinander kommunizieren können Sie immer auf zweierlei Arten: indem Sie positiv in das Gespräch gehen und dieses so führen, dass alle für beide Seiten wichtigen Punkte angesprochen, Unstimmigkeiten offen diskutiert und ein Konsens gefunden wird. Oder aber, indem Sie auf Biegen und Brechen Ihr Ziel durchsetzen wollen und dazu zumindest verbal „über Leichen gehen“.

6.4 Zwischen Persönlichkeit und Techniken

Techniken, um verbale Attacken zu parieren, gibt es viele. Auch „dumme Sprüche“ lassen sich leicht finden. Ist dies allerdings sinnvoll? Keine Technik passt wirklich in jeder Situation. Der eine dumme Spruch, der für alle kritischen Gesprächssituationen geeignet ist, den gibt es ebenfalls nicht.
Die nachfolgend beschriebenen Techniken helfen Ihnen weiter.

1. Schweigen
Bevor Sie sich in den verbalen Kampf stürzen oder gar völligen Unsinn von sich geben: Schweigen Sie doch lieber. Machen Sie eine Pause, halten Sie den Blickkontakt und fordern Sie Ihren Gesprächspartner auf, weiterzusprechen.

2. Übergehen/Verschieben
Überlegen Sie auch bei dieser Technik, ob Sie jeden dummen Kommentar beantworten müssen. Manchmal ist es besser, einen Angriff einfach nicht aufzugreifen. Damit lassen Sie den Angreifer ins Leere laufen. Damit rechnet dieser nämlich auf keinen Fall. Nur wenn Sie wollen, können Sie den Angriff später nochmals anspre-

chen. Dann aber zu einem Zeitpunkt, an dem er in Ihr Konzept (und nicht in das des Angreifers) passt.

3. (übertriebene) Zustimmung

Beweisen Sie mit Übertreibungen, dass Sie locker mit Angriffen, vor allen Dingen persönlicher Art, umgehen können: Spricht man Sie so an: „Haben Sie dazu nicht mehr zu sagen? Sie sind aber kurz angebunden“, antworten Sie, „Ja, mein Frauchen/Herrchen hat mir einfach nicht mehr Leine gegeben.“ Und bekommen Sie zum Geburtstag eine Anti-Falten-Wundercreme, dann antworten Sie: „Du solltest mich mal morgens sehen. Aber wer zerknittert aufsteht, hat ja bekanntlich am Tag die besten Entfaltungsmöglichkeiten!“

4. Die Macht des Spiegelns

Reflektieren Sie dem Angreifer einfach ein Spiegelbild seines Verhaltens oder des Gesagten. Dann halten Sie ihm sozusagen den Spiegel vor. Nicht jeder ist davon begeistert, das dürfen Sie mir glauben. Aber genau das wollen Sie ja auch erreichen: Dass er selbst erkennt, wie unfair die Aussage oder Frage war. Durch Formulierungen wie „Sie meinen, dass ...“, „Sie sagen, ...“ oder „Sie setzen voraus, dass ...“ können Sie den Inhalt des Angriffs durch eine Neuformulierung spiegeln. Selbsterkenntnis ist bekanntlich der erste Schritt zur Besserung. Und vielleicht schmunzeln Sie am Ende beide und können ganz gelassen über die Unstimmigkeiten hinwegsehen. Sie haben eine völlig neue Basis des Umgangs miteinander geschaffen, die unterschiedliche Vorstellungen und Meinungen einschließt.

5. (Um-)Definition

Sorgen Sie dafür, dass Sie vom Gleichen sprechen. Schaffen Sie gemeinsame Definitionen. Zerlegen Sie einen Angriff und formulieren Sie z. B.: „Verstehen Sie unter einer Kooperation auch ...“ (das Gleiche wie ich ...) Die Definition zu treffen hat den Vorteil, dass Sie nach einem vielleicht eher unsachlichen Angriff auf ein sachliches Niveau zurückfinden. Bei Um- bzw. Neudefinitionen gewinnen Sie einem persönlichen Angriff durch eine bewusst ungewöhnliche Definition die möglichen positiven Aspekte ab.

Ein Beispiel: Ein Gesprächspartner greift Sie an: „Sie sind ja ein Kind!“ Dann können Sie gekonnt und humorvoll kontern: „Wenn Sie mit Kind meinen, dass ich mir meine Ungezwungenheit bewahrt habe und voller Zuversicht und Vertrauen an das Gute im Menschen glaube, freut es mich, dass Sie mich so einschätzen.“ Na, klingt das nicht gut?

6. Unsinns-Sprichwörter

„Ja, ja, der Apfel fällt nicht weit vom Birnbaum“ ist ein ebenso unsinniges Statement wie „Wer anderen eine Grube gräbt, findet auch mal ein Korn.“ Wenn Sie zwei Sprichwörter miteinander verbinden und dergestalt kontern, verwirren Sie Ihren Gesprächspartner so, dass er sich wohl mehr damit beschäftigt, die beiden Sprichwörter auseinander zu „sortieren“, als sich noch weitere Wortgefechte mit Ihnen zu liefern. Diese Methode signalisiert in jedem Fall, dass Sie dem Angriff des Gegenübers so wenig Bedeutung beimessen, dass Sie auch noch locker „blödeln“ können.

7. Durch die Blume
Sagen Sie es nicht direkt, sondern indirekt, also „durch die Blume". Dies ist eine schlagfertige Antwort, die ihresgleichen sucht. Am besten erkennen Sie dies an einem Beispiel. Sie werden angegriffen: „Sie vergnügen sich wohl auf jeder Party?" und antworten: „Kennen wir uns von dort?" Das klingt allemal besser, als wenn Sie sagen „Stimmt, ich bin ein Partygänger!" Bei Antworten durch die Blume ist es immer das Weiterdenken, das den Clou ausmacht.

Zu den intelligenten Techniken gehören natürlich auch alle Fragemethoden, die wir zu Beginn dieses Kapitels bereits ausführlich behandelt haben.

Der Angriff charakterisiert den Angreifer
Lassen Sie sich nicht treffen! Leichter gesagt als getan, wenn Sie jemand persönlich angreift. Beachten Sie: Wenn Sie getroffen sind und betroffen reagieren, fällt es Ihnen meist schwerer, ruhig und souverän zu kontern. Machen Sie sich bewusst, dass der Angriff überhaupt nichts mit Ihnen zu tun hat, zumindest dann, wenn es sich um einen unfairen Angriff handelt. Der Angriff sagt vielmehr etwas über den Angreifer aus. Er zeigt: Der andere ist es, der

- nicht mit anderen Meinungen umgehen kann
- intolerant ist
- kein Taktgefühl besitzt
- fehlende Fachkenntnis durch Angriffslust ausgleicht.

Begeben Sie sich nicht auf das Niveau Ihres Angreifers. Bleiben Sie souverän und menschlich, dann meistern Sie

derartige Situationen leichter. Es ist wichtig, dass Sie niemand dazu zwingen oder nötigen kann, seine Worte so zu verstehen, wie er sie gemeint hat.
Die Persönlichkeit macht's! Auch zum Schluss kommen wir noch einmal zum wichtigsten Part einer intelligenten Schlagfertigkeit: der gereiften Persönlichkeit, die mit Charisma überzeugt und mit Charme Angriffe ins Leere laufen lässt.

6.5 Mit Schlagfertigkeit verantwortungsvoll umgehen

Immer wieder wird man heute mit spitzen Bemerkungen konfrontiert. Ob im privaten Bereich oder im Berufsleben: Jeder ist sich offensichtlich selbst der Nächste und kämpft mit allen Mitteln gegen mögliche „Nebenbuhler“ (um Job, Karriere oder Beziehung). Dazu sind alle Mittel recht. Haben Sie es mit einem Angreifer zu tun, der Sie verbal attackiert, überlegen Sie einfach, ob Sie sich auf dieses Spiel einlassen wollen. Begeben Sie sich wirklich auf dieses Niveau und schlagen Sie um jeden Preis zurück? Oder sind Ihnen tragfähige Beziehungen lieber? Das heißt ja nicht, dass Sie gleich mit jedem Freundschaft oder nach altem Winnetou-Brauch Blutsbrüderschaft schließen müssen. Aber Sie müssen auch nicht bei jeder Kleinigkeit gleich das Kriegsbeil ausgraben, oder?

Rhetorische und dialektische Mittel bieten vielfältige Möglichkeiten, konstruktive Gespräche zu führen und auf eventuelle Angriffe zu reagieren.

Verbal aufeinander zugehen

Intelligente Schlagfertigkeit zielt darauf ab, verbal aufeinander zu- statt aufeinander loszugehen. Denn wer eben jene rhetorischen und dialektischen Mittel nur mit dem Ziel einsetzt, Vorteile zu erlangen und den Gesprächspartner bloßzustellen, wird bald keine Gesprächspartner mehr haben. Wer allerdings humorvolle Wortspiele benutzt und Menschen mit Charme und Charisma überzeugt, der gewinnt Gesprächspartner fürs Leben ...

Natürlich gibt es genügend Methoden und Techniken, schlagfertig zu kontern. Einige davon haben Sie in diesem Buch kennen gelernt. Sie sollen Ihnen ja auch eine möglichst große Bandbreite der Möglichkeiten aufzeigen. Allerdings hat sich ein ebenso umfangreicher Part dieses Buches damit beschäftigt, wie man überhaupt gut kommuniziert. Und zwar so gut kommuniziert, seine Persönlichkeit schult und sein Charisma ausbaut, dass Angriffe möglichst ausbleiben und ein angenehmes verbales Miteinander garantiert ist.

Sie haben die Wahl

Was immer Sie also tun: Überlegen Sie bei allem, was Sie sagen, bei jeder Aussage, die Sie treffen, jeder Frage, die Sie stellen und jeder Antwort, die Sie geben: Möchte ich siegen – nur dieses eine Mal – und beweisen, wie schlagkräftig ich doch bin? Oder möchte ich auf Dauer einen Gewinn für beide – durch eine konstruktive Kommunikation?

Ich wünsche Ihnen, dass Ihre Gespräche gelingen, dass Sie Freude an jedem verbalen Austausch (nicht Schlag-

Abtausch) haben. Ich hoffe, dass Ihnen die Lektüre dieses Buches etwas Freude gemacht hat und dass Sie zukünftig, egal, welche Gesprächssituationen auch auf Sie zukommen, souverän bleiben und verantwortungsbewusst mit dem Wissen und den Menschen in Ihrem Umfeld umgehen.

Ihr Stéphane Etrillard

Der Autor

Stéphane Etrillard (*1966), gefragter Kommunikationsexperte, zählt zu den innovativen Wirtschaftstrainern und Coachs der neuen Generation. Seine Schwerpunkte sind anspruchsvolle Kommunikations- und Vertriebsworkshops. Auch mit Privatcoachings sowie offenen Seminaren im Bereich Rhetorik, Dialektik und Selbst-PR ist er branchenübergreifend erfolgreich. Zu seinen Privatklienten zählen Manager aus Top-Unternehmen, mittelständische Unternehmer und Politiker. Er vermittelt Kompetenz „aus der Praxis für die Praxis". Sein bewährtes Know-how ist in den letzten acht Jahren in der Begleitung von über 3000 Führungskräften und Verkäufern aus unterschiedlichsten Branchen in Intensiv-Workshops entstanden. Durch zahlreiche Publikationen und seinen Business-Bestseller „SPITZENGESPRÄCHE" ist er als Fachautor einem breiten Publikum bekannt geworden.

Weiterführende Literatur

Etrillard, Stéphane:

- Spitzengespräche, Faire Kommunikation durch gekonnte Gesprächsführung, Junfermann, Paderborn, 2003

- Spitzengespräche im Verkauf – in acht Schritten sicher zum Verkaufserfolg, Junfermann, Paderborn, 2004

- Gekonnt gekontert – souverän, schlagfertig und fair in jeder Situation, Hoffmann und Campe, Hamburg, 2004

- Die Magie der Effektivität: Effektiv handeln – erfolgreich sein, Business-Village, Göttingen, 2004

- Vertriebssteuerung und Vertriebsmotivation So bringen Sie Ihren Vertrieb auf Vordermann, Business Village, Göttingen, 2004

- Erfolgreich verkaufen an anspruchsvolle Kunden – Premiumkunden und Best Ager begeistern, Business Village, Göttingen, 2004

- Erfolgsrhetorik, Hörbuch (4 CDs), Verlagskontor, Bergisch-Gladbach, 2004

- Selbst-PR – Klappern gehört zum Handwerk, Hörbuch (1 CD), Verlagskontor, Bergisch-Gladbach, 2004

Register

Angriff 9, 11, 20 ff, 36, 40, 47, 51, 54, 59, 60, 65, 68
Argumentationsmuster 40
Ausstrahlung 14, 55, 56

Begeisterung 42, 49, 53 ff., 61
Beziehungsebene 16, 28
Blickkontakt 6, 12 ff., 32, 42, 57, 64, 71

Charisma 14, 45, 49, 55, 75

Dialektik 25, 29
Dickhäutigkeit 59, 60
Diplomatie 10

Einwände 67
Emotionale Stärke 61

Gefühle 15, 27, 51, 53, 61
Gegenfragen 64, 65
Gesprächsführung 33, 35, 70

Killerphrasen 6, 62, 67 ff.
Kindheit 33
Kommunikation 13 ff., 29, 34, 39, 45 ff., 69
Konflikt 10, 62, 69 ff.
Konter/n 7, 11, 28, 40, 50, 67, 69, 73
Kreativität 67

Persönlichkeit 14, 22, 33, 45, 55, 58 ff.

Schlagfertigkeitstempel 12, 15
Smalltalk 20
Soft Facts 48, 61
Sprachlosigkeit 30, 36
Stimmung 9, 38, 43, 44, 47, 53, 72

Zitat/e 68
Zustimmung 24, 72

Zu diesem Themenkreis sind bereits erschienen:

Peter Heigl
30 Minuten für gute Rhetorik

ISBN 3-89749-123-0

Peter Mohr
30 Minuten für erfolgreiches Verkaufen

ISBN 3-89749-224-5

Lothar J. Seiwert
30 Minuten für optimales Zeitmanagement

ISBN 3-930799-86-3

Reinhard K. Sprenger
30 Minuten für mehr Motivation

ISBN 3-89749-030-7

Bernhard P. Wirth
30 Minuten für bessere Menschenkenntnis

ISBN 3-89749-184-2

Fragen Sie in Ihrer Buchhandlung nach weiteren Bänden dieser Reihe oder fordern Sie einen Verlagsprospekt an:

GABAL Verlag GmbH
Postfach 200 252, 63077 Offenbach
Tel.: 0 69/83 00 66-0; Fax: 0 69/83 00 66-66
www.gabal-verlag.de
E-Mail: info@gabal-verlag.de